フランス流魔法のレシピ集

魔女の手引書

無二の数奇な運命のもとに生まれた、
魔法にかかった魔法使い、夫ニコラへ。
私はどのように未知の要素を予想したのかしら？

Grimoire de Sorciére : Sorts & potions magiques

© 2020, Éditions E/P/A – Hachette Livre
www.editionsepa.fr

Copyright : Grimoire de sorcière © Hachette-Livre (EPA), 2020
Author : Brigitte Bulard-Cordeau
Direction : Jérôme Layrolles
Responsable éditoriale : Flavie Gaidon
Édition et recherche iconographique : Françoise Mathay
Direction artistique : Charles Ameline
Conception graphique : Florence Le Maux
Relecture-correction : Mireille Touret
Fabrication : Stéphanie Vieux
Photogravure : Chromostyle
Ventes directes et partenariats : partenariats-epa@hachette-livre.fr
Relations presse : epa@hachette-livre.fr

Édité par E/P/A
58, rue Jean-Bleuzen, 92178 Vanves Cedex
Achevé d'imprimer en août 2020 chez Estella Grafica en Italie
Dépôt légal : octobre 2020

This Japanese edition was produced and published in Japan in 2022
by Graphic-sha Publishing Co., Ltd.
1-14-17 Kudankita, Chiyodaku, Tokyo 102-0073, Japan

Japanese translation © 2022 Graphic-sha Publishing Co., Ltd.

Grimoire de Sorcière

Sorts & potions magiques

フランス流魔法のレシピ集

魔女の手引書

ブリジット・ビュラール＝コルドー［著］

林真一郎［植物監修］

ダコスタ吉村花子［翻訳］

g

PRÉSENTATION DE L'AUTEURE
著者紹介

イギリスの詩人 T. S. エリオットは、猫には3つの名があるとの言葉を残しましたが、私にもビュラール＝コルドー＝ピアトンという3つの名字があります。たいていは短く、ブリジット・ビュラール＝コルドー、略してBBCと呼ばれています。私は文学学士号を持つジャーナリストで、自然とエコロジーのジャーナリスト・作家協会 (JNE) 会員でもあり、猫の専門誌『マントゥー・シャ』の編集長を務めています。100冊以上の本を出し、数か国語に訳されています。お気に入りのテーマは動物、とくに猫、樹木、月、魔女、表現。ものを書くときには、とてもお行儀のいい雑種のメス猫ルーナが横にいます。本書の構想を書いているときに、ルーナが紙の上に寝転がったかと思うと、ずいぶんと強く喉をゴロゴロと鳴らしました。それが合図となって私の頭に浮かんだのが、『フランス流魔法のレシピ集　魔女の手引書〔原題: *Grimoire de Sorcière. Sorts et potions magiques*〕』というタイトルです。

料理文学賞アントナン・カレーム賞を受賞した前著『魔法の魔術書: 魔女の秘密 (*Le grimoire enchanté : Mes secrets de sorcière*)』を含む4冊の本を発表した後、魔女としての本能を満たしたいという気持ちが強まりました。果たして、霊感は湧いてくるでしょうか。おまじないのレパートリーなら、売るほどあります。発明も脚色もラテン語の料理用語もお手のもの。魔術には中途半端という言葉はありません。

女優だったらどんなによかっただろう、と思うことがあります。演出の趣向と料理のスパイスは、言葉という錬金術の中で溶けてひとつになります。野菜の調理、愛する人の操り方、お金の管理、億万長者。どれもじつは同じこと。サラダとファルファッレ、スープとムース、お茶とシロップ。どれもあっという間にできてしまいます。本書で紹介するおまじないも同じ。あなたも唱えてみて。アブラカダブラ！

Avant-propos
はじめに

魔女のマニフェストともいうべきこの魔術書には、
魔法のレシピだけでなくおまじないについての説明もあり、
読んでいるうちにめまいを起こすかもしれません。
ローズウォーターのように甘い小説がお好みなら「愛の花のルクム」を、
待ちきれない思いでじりじりしている人には「そわそわ心のサラダ」を
（このサラダには愛の炎が詰まっているので要注意）、というように、
食欲をそそるテクニックが書かれています。
けれども恋愛だけを取り上げているわけではなく、
「目もくらむような美を!」「チャンスを生かして成功を!」
「鉄壁の健康を!」「仕事で輝く!」など、さまざまなテーマがあります。
私たちの毎日を左右する数字や色もお忘れなく。
目的を達成するには、魔女のレシピに及ぶものはありません。
彼は数学の天才? それならリキュール44を飲ませてみて!
きっと夜も眠れなくなって、羊の数を数え始めるかも。
おまじないには強力な力があります。この本には、「ラッキーチャーム」「ひとひねり」
ラテン語っぽい「魔女のつぶやき」「おまじないのツボ」「小物をきかせて」など、
彼を魅了し、心をわしづかみにして、魔法をかけるための秘密がいっぱい。
「彼の心を動かす!」「今すぐお金を!」「悪魔も寄せつけないほど元気!」
「成功はすぐそこに!」「13日の金曜日は炭火へ!」「トマトのような赤! 優位なのは私!」。
行く手には成功と自信が待っています。
さあ、サラマンダーの血とトカゲのしっぽを用意しましょう!

Sommaire
目次

Un avant-goût de la magie
魔法の予感

優れたシェフになるには……

無水鍋、大鍋、やかん、あく取り……。
アミューズブーシュ、妙薬、ポタージュ、スープ、食後のリキュールまで、
魔女のレシピでは、それぞれのお料理に決まった調理器具が必要とされます。

キッチン用品の中でも大鍋は外せないアイテム。銅鍋なら、水やスープや「タラゴンのファルファッレ」もすばやく温められます。魔女が使う銅鍋はアンティークショップや専門店で見つかります。また鋳物やステンレスなど、銅以外の素材の大鍋でも結構です。昨今は両手つきの深鍋や圧力鍋が流行中。「カボチャのスープ」「カモミールフラワーのスープ」など、魔法の料理をおいしく作るには、おまじないの才能に恵まれていなくても大丈夫。現代の魔女はディアーブルと呼ばれる素焼きの無水鍋が大のお気に入り。直接火にかけられるこの鍋で作った「カボチャのポタージュ栗添え」は絶品です。

✳❉✳

「5種の根のシロップ」を作るには蒸留器が強い味方。「シラカバのハーブティー」「ブラックベリーティー」には、ハーブティーポットやティーポットが必要ですが、夜遅くに作りたいと思ったら、やかんのほうが便利でしょう。

✳❉✳

おたまやあく取り、木のスプーン、スパチュラ、よく切れるナイフなど、魔女の台所には昔ながらのキッチン用品がいっぱい。カブ、ニンジンはもちろん、「アニス入りジャガイモのジャム」のジャガイモにもピーラーが欠かせません。皮をむいたフルーツや野菜を鍋に投入すれば、「カルダモン入りアップル＆オレンジのコンポート」のできあがりです。成功間違いなし。最高においしい一品が待っています。

✳❉✳

デザートのチョイスは目移りしそうなほどたくさんあります。「草原の女王のフラン」「ジャコットのイラクサのキッシュ」「妖精フィネットのケーキ」にはフラン型、タルト型、ケーキ型が必須です。

✳❉✳

魔女のレシピには必ず何か——不意の魔力——が隠されています。調理が終わったら、見せ方にも気を配って。テーブルセッティング、お皿、カトラリー、グラスをおろそかにしないこと。美しく調和した見せ方は目を楽しませつつ、おなかも満たしてくれます。カラフ、小瓶、食後酒用グラスは、「ルリジサのワイン」などの飲み物を引き立ててくれます。テーブルクロスも重要な要素。刺繍入り、プレーン、白、カラフルなものなど、すてきなテーブルセッティングにはテーブルクロスが欠かせません。

✳❉✳

キッチンに戻りましょう。もしかしたらお客様が「お手伝いしましょう」と言って入ってくるかもしれません。キッチンではビジュアルも大切。クラシカルまたはエキゾティックなフルーツバスケットは、キッチンに映えるでしょう。ヤナギで編んだカゴに入ったイラクサ、サラダバーネット、ルメックス・アルピヌス、アンズタケは、見るだけで食欲を誘います。意中の人にごちそうするなら、「キノコのバジル添え」がおすすめ。キッチンは魔力がたっぷりと詰まった場所なのです。

Les plantes ensorceleuses
魅惑の植物

美味な植物、癒しの植物

魔法の植物は、根も茎も葉も花もお料理に使えます。
妖精が変身の魔法をかけてくれれば、
美、愛、チャンスのおまじないにも効果を発揮します。
足元を見てみましょう。植物は森、野原、庭などに生えています。

ア ルケミラ・モリス、タンポポ、ワイルドアンジェリカ、バジル、ハイビスカス……。「聖母のマントのゼリー寄せ」「そわそわ心のサラダ」「熱冷ましの薬草のアントルメ」「ハイビスカスの香りのリンゴ」など、魔女のレシピでは、いろいろな魔法の植物やハーブを使います。花、根、種は使い方を間違えないように。植物案内書は必携です。

植物を探しに出かけよう!

乾燥した晴天の日に、朝露が蒸発したら出発です。目的はアサガオ探し。ただし花は摘みません。アサガオには毒があるのですから、採取などもってのほかです。血の滴とも呼ばれるアドニスの花（Adonis annua）は、カモミールと間違えやすいので要注意。イヌニンジン（Aethusa cynapium）もパセリとそっくりですが、猛毒を含んでいるので近づかないように。

植物の各部には、特定の効用を持つ有効成分が含まれています。必要なのは根？ 茎？ それとも花？ 葉？ 料理では植物全体を入手する必要はありません。花の咲いている先端だけを使うなら根は不要ですし、葉だけで香りづけをするなら芽を摘むまでもありません。鳥や虫にもごちそうを残しておいてあげましょう。

✻✻✻

きれいな摘み方：植物を摘んだら、水に浸して土や毛虫を取り除きます。それから葉、茎、花、つぼみを丁寧にキッチンペーパーの上に置き、優しく水を切ります。その後まとめて大鍋に入れます。大鍋がない場合は、ジャム用鍋、ココット鍋、片手鍋でも結構です。摘んだ植物を使って、数週間後、数か月後など、少し後にお料理することもできます。その場合は、湿気のない清潔な場所で植物を乾燥させましょう。

✻✻✻

アニス、スイバ、ミントの花、マジョラム、ムラサキツメクサ、カモミールが見つかればラッキー！「アニスの香りのヴィーナスのへそ」「スイバのスープ」「ミントフラワーのソース」「マジョラムのパスタ」「カモミールフラワーのスープ」などさまざまなレシピに使えます。

自然界にはありとあらゆる美味が存在していて、まっとうな魔女なら保護対象種には手を出しません。さあ、魔女の植物を探しに行きましょう！

*野山で植物を採取する際は専門家の指示のもと、有毒物が混入しないよう十分注意してください。

AU CHAUDRON, SANS FAÇON !
カジュアルに大鍋を活用

野草を摘みに行っても収穫がゼロだったら？ それでもあきらめる手はありません。都市部ならハーブ専門店や市場、オーガニックショップ、スーパーマーケットで自然食品が扱われていて、さまざまな植物も生や乾燥した状態で購入できます。地方なら、生産者が秘密の花園を開放することも。果樹園や菜園で買い物するのは、何とも心地よいものです。こうした自然食品はインターネットでも購入できます。

Être sorcière

魔女になる

その秘密と方法

どうしたら平凡な瞬間を純粋な魔法へと変えることができるのでしょう。
魔女のつぶやき、呪文、蒸留器、大鍋、魔法のハーブ……。
レシピにもおまじないにも、魔女の奥義と所作が欠かせません。
地獄のように強力な魔女を目指しましょう。

薬草の効用、妙薬。すべての源は、魔法の植物や薬が生む魔力にあります。植物の通称は私たちを異次元へといざないます。薬草にはさまざまな効用があり、カモミール、ルリジサ、サンザシ、ヒナギクには美の秘密がぎっしりと詰まっています。ヴィーナスのへそ（ギョクハイ、*Umbilicus rupestris*）をかじると、「ヒルガオのように美しく」なるとか。植物は病原菌、貧血、伝染病に対する盾になってくれます。「悪魔も寄せつけないほど元気」になるには、セイヨウカノコソウ（*Valeriana officinalis*）の飲み物が最適。恋愛では、植物は攪乱要素として働き、恋心をかき乱します。相手の心を思いのままに操る変心要素とも言えます。それぞれのおまじないに魔法の薬草や魔女の植物が登場するのもこのためです。「おいしい誘惑」のコラムを参照してください。鎮静効果があるとされるオオカミの尾ことモウズイカ（*Verbascum densiflorum*）なら、「心を動かす」おまじないをかけられた彼の熱を和らげてくれるでしょう。

＊⁓⁂⁓＊

　魔女のおまじないでは、つねに一歩先へと進むことが求められます。じっくり考え、入念に準備し、ほうきにまたがりましょう。何とも愉快で悪魔的なまでにありえない冒険には、跳躍が不可欠。どうすれば宇宙のエレメントを引き寄せることができるのかしら？　設定した目的にぴったりの要素とは？　それを知るには、おまじないの日と天体配置の相性を読み解かねばなりません。美には金星、お金には水星。「ラッキーチャーム」が助けてくれるでしょう。

色、香り、服、体の動き。おろそかにしていいものなどひとつもありません。すべてのディテールに力が宿っているのです。最初こそ、呪文にとまどうかも知れませんが、唱えているうちに、いつしかあなた自身が魔法のとりこになることに。「仕上げ」では、シチュエーション、性格、所作、雰囲気を紹介します。さらに「小道具」を使って、魔力を高めましょう。効果のほどは抜群！アブラカダブラ！

POUR CHAQUE SORT,
L'ÉLÉMENT QUI INSTRUMENTALISE
おまじないとそれぞれの小道具

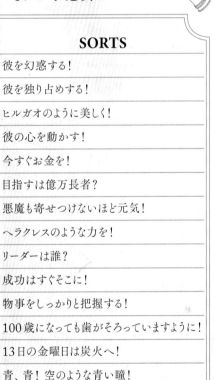

ÉLÉMENTS	SORTS
1. 小箱	彼を幻惑する！
2. ひっかけ錨	彼を独り占めする！
3. 鏡	ヒルガオのように美しく！
4. 仮面	彼の心を動かす！
5. シルバーのティーポット	今すぐお金を！
6. 銅の大鍋	目指すは億万長者？
7. 小さな赤い本	悪魔も寄せつけないほど元気！
8. 月桂冠	ヘラクレスのような力を！
9. 会計簿	リーダーは誰？
10. おとぎ話全集	成功はすぐそこに！
11. 振り子（ペンデュラム）	物事をしっかりと把握する！
12. 魔法のコンパクト	100歳になっても歯がそろっていますように！
13. 魔女の帽子	13日の金曜日は炭火へ！
14. 秘密の手帖	青、青！空のような青い瞳！
15. 魔女の仮面	彼は私だけのもの！
16. 望遠鏡	リネンのように白くなれ！
17. 魔女の槌	トマトのような赤！優位なのは私！

第1章

Les amours,
c'est d'enfer !
地獄のように激しい愛を！

Lui jeter de la poudre aux yeux!
Abracadabra!
彼を幻惑する！ アブラカダブラ！

私は雪の星。彼の前で輝きを放つ。

幻惑とは星屑のような輝きで目をくらませること。あなたの輝きを目にした彼は、
めまいから立ち直れないでしょう。ふわふわと浮き立つような気分になったと思ったら、
足をつかまれ、大空に届くほど高くに飛ばされ、すぐには地上には戻ってこられません。
何とも不思議な飛翔なのです。

⊹ Le Grand Jeu ⊹
ポイント

このおまじないでは、一瞬にして彼に超自然の幻覚を見せます。彼はこの一瞬を永遠と錯覚して、あなたの魅力的な眼差しのとりこに。

FAIRE UN VŒU
呪文

彼を幻惑する！
魔女語：Poudra perlimpinpina, vade！（3度唱える）
普通語：いかさま万能薬よ、効果を発揮して！（2度唱える）

Paroles de grimoire
魔女のつぶやき

Poudra brillat　きらきらと輝く粉よ
Volo te grillare
あなたを燃やしてあげましょう
Tantus melius　あなたの目が
Si ecarquillas　大きく見開けば
oculos　しめたもの

Atmosphère, atmosphère !
演出

このおまじないの成功には、音も含めて魅惑的な雰囲気の演出が必須です。理想はドヴォルザークの交響曲第9番『新世界』。ドヴォルザークのアメリカ時代を代表する名作のひとつで、激しく強烈な音楽は意中の人の心をわしづかみにすることでしょう。

L'envol
ひとひねり

香りにもこだわって、部屋をライスパウダーの香りで満たしましょう。アロマポットで焚けば、うっとりとするような香りを長く保てます。

La science infuse
おまじないのツボ

目端が利く人、恋愛の達人、うぬぼれ屋向きのおまじないです。

✤ **材料**：細かくてきらきらした粉を使います。製パン用のずっしりしていて透明度が低くて、もったりと重い粉は論外。塩も霊を遠ざけてしまうので不向きです。消去法でいくと、使えるのは米粉ということになります。

✤ **効果**：現実離れしたこのおまじないのポイントはスピード。優雅かつ正確に魔法の粉を振りまきます。

✤ **魔女の疑問**：この魔法の粉は、彼があなたの足元に倒れたいがために発明したのかしら？ まさか！ 粉に幻惑された彼は、一瞬にして星へと飛ばされてしまいます。

Secrets de sorcière
魔女の秘密

名前：このおまじないをするあなたがパウダースノーや小麦粉を連想させる「白（ブランシュ）」という名前なら、成功の確率が高まります。

ラッキーチャーム

素材：コットン

惑星：水星

曜日：水曜日

カラー：シルバー、ゴールド、白、イエロー

ツール：小袋

ポイント：スピード、器用さ、策術

効果：超越した愛

Per Satanas
サタンからのアドバイス

粉を振りまくときには、ドライシャンプーを使おうなどと考えないこと。塩と同じく、目が痛くなってしまいます。最高に効果が高いのは白米。フランスはもちろんとくにアジアの結婚式では、白米が幸運をもたらすと考えられています。

Délires et atmosphères
小物をきかせて

山高帽、ルダンゴト〔ウエストのくびれた女性用ロングコート〕、
足首のところで狭まった幅広パンツで、
理想のスタイルの完成です。

✱

ヒモでベルトにつけるタイプの小さなコットンバッグか
ポシェットを用意して。粉は小袋に入れておけば、
必要な時にまくことができます。

✱

ライスパウダーの香りをたっぷりとつけて。どんな調香師も、
粉のような触感のこの甘い香りに抗うことはできません。

Jeter un sort! Abracadabra!
ふ♥まじないをかける！ アブラカダブラ！

- ❃ 魔女のつぶやきを暗記します。
- ❃ コンパクト（または小箱）を取り出し、チークとアイシャドウでメイクします。
- ❃ 彼の目をじっと見つめて。
- ❃ 魔女語で3度、普通語で2度呪文を唱えます。
- ❃ パウダーの入ったポシェットを開けます。
- ❃ 魔女のつぶやきをささやきながら、さっとパウダーを宙にまきます。
- ❃ 彼はきっと目を丸くするはず。
- ❃ 彼を星の夢の中にそっとしておいて、オオカミのように（音を立てないで）その場を離れます。
- ❃ しばらくしたらそっとつま先で歩いて戻り、彼の様子を観察しましょう。おまじないの効果がわかるはず。もう彼の目にはあなたしか映りません。

LE TOUR EST JOUÉ
仕上げ

パウダーを使って幻惑するのは、比較的簡単な誘惑術。意中の相手は、クラクラするほど優美に投げ出されたパウダーに心を奪われて、瞬く間に銀河系へと連れていかれることでしょう。あなたのことを魔術師だと思い、頭の中にそのイメージが刻まれます。ただしのぼせあがった後に、あっさりと現実に戻ってしまうことも。その場合は、完全に魔法のとりこになるまで、1週間に1度、水曜日にこの魔法をかけ続けます。

Le fin mot de l'histoire
魔女の独り言

パウダーは色や触感(白、ピンク、ベージュ、米粉・細砂)に関係なく、彼の目を開いてくれます。

TENTATION
おいしい誘惑

シラカバのハーブティー(p228参照)をいれて、ココナッツパウダーの入ったシルバーのシュガーポットをテーブルにセットします。いつもとは少し違った甘みが楽しめますし、パウダーが幻惑の効果を発揮してくれるでしょう。ただしここで魔力を発揮するのはパウダーだけではありません。飲み物自体にも魔力があります。ヨーロッパシラカバはカバノキ科の植物で、シルバーがかった白い樹皮、紫に近い茶色の小枝、白いこぶがあります。昔はこの木から作られたほうきで悪魔を退治していました。悪魔が去り、愛がやってくる、というわけです。

Bouillon de culture...
de sorcière
魔女の教養

パウダーをまくとか米粉とか、いきなり言われてもチンプンカンプンです。
火薬から、ボディや髪用のいい香りのパウダーまで、
世には無数のパウダーがあふれていて、クラクラしそう！

Les Bigarrures de l'esprit humain.

Ma fortune est faite ! j'ai trouvé une poudre à canon imperméable et incombustible

Le goût de l'Histoire
歴史はお好き？

　粉の起源は中国。唐の時代（618–907年）、7世紀頃に火薬が発明されました。「黒い粉」とも呼ばれますが、グレーの火薬もあり、木炭、硝酸塩風解物（硝酸カリウム）、硫黄が混ざった爆燃性の粉です。フランスで初めて火薬が用いられたのは、1346年のクレシーの戦いでのこと。火薬は戦争で次々と使われました。

L'esprit des mots
言葉遊び

「目に粉をかける」：幻惑する、相手に夢を見させ、幻の時間を作りだす。

✦

「粉を発明しなかった」：「あまり賢くない」の意。逆に粉を発明した人はとても賢いということになります。

✦

どこか子どもっぽい響きの「ペルランパンパンの粉〔いかさま万能薬〕」は、魔術に欠かせない小道具。信じるか信じないかはあなた次第です。

Signature
小道具

　ここで使われる小箱は1910年頃に登場した米粉を入れるための小さな箱です。ドイツ製の無釉磁器で、手書きで彩色され、裏にサインがあります。この箱は当時たいそうな人気を博しました。

Mythes et légendes
神話と伝説

すでに古代から、ユニコーンの角を粉にしたものには催淫作用があると信じられ、使われてきました。中世になると、薬用効果が高いとして重宝されるように。怪我の回復を助けたり、サソリや毒蛇に刺されたときには毒を中和したり、ペストにも効いたとか。解毒作用もある心強い粉です。

✣

フランス国王フランソワ1世は、教皇クレメンス7世から金の箱に入った長さ2クデ〔約1メートル〕のユニコーンの角を贈られて以来、移動するときには必ずユニコーンの角の粉の入った小袋を持っていたそうです。

Littérature et culture
文学と文化

- 『目に粉』はフランスの劇作家ウジェーヌ・ラビッシュがエドゥアール・マルタンと共同で書いた2幕の喜劇で、1861年にジムナーズ劇場で初演されました。劇中、エムリーヌの母マランジャール夫人と、エムリーヌに求婚するフレデリックの母ラティノワ夫人が、お互いの目に粉をかけ合って、お金持ちになった気分に浸ります。何ともおかしな母親ですが、早く地に足をつけて、恋人たちの邪魔をしないよう現実に戻ってほしいものです。
- ずっと昔から、米粉は美容に使われてきました。たいてい可愛らしい小箱に入って、目も鼻も楽しませてくれます。米粉を使った美容アイテムはいろいろあって、たとえばマカロンで有名なラデュレには、プードル・ド・リ〔ライスパウダー〕のフレグランスがあります。マカロンが大好きな食いしん坊は、この香りのおかげでしなやかできめの細かい肌を手に入れられるというわけです。パウダーのラインアップにはボディ用とバス用の2種類がありますが、いずれもライスパウダーの香りが楽しめます。

Lui mettre le grappin dessus! Abracadabra!

彼を独り占めする！ アブラカダブラ！

彼を逃がさないためには……

焦りは禁物。2人で作り上げる物語はゆっくりと進みます。
2人のストーリーは1ページずつ黒インクで書かれては、赤インクで消されて、
ゆっくりとできあがっていくのです。急展開しそうな気配なら、彼のことをつかまえて。

✤ Le Grand Jeu ✤
ポイント

このおまじないは、離れかけている彼
をつかまえておく、というなかなかの難度。
おまじないの効果で、彼の目はあなたの
胸元にくぎづけ。もう欲望に抗いきれなく
なるでしょう。ほら、彼のため息が聞こえ
てきそうです。

Paroles de grimoire
魔女のつぶやき

Libere te a terra 　大地から離れて
（リベーレ テ ア テッラ）
Eras fer cerclus 　鉄の輪になるのです
（エラス フェル チェルクルス）
Fixas meis digitibus 　私の指にはまりなさい
（フィクサス メイス ディジティブス）
Sed ego faceo legam! 　主導権を握るのは私
（セド エゴ ファチェオ レガム）

Faire un vœu
呪文

彼を独り占めする！

魔女語：Grappem grippi, griffa gaffem！（3度唱える）
（グラッペム グリッピ グリッファ ガッフェム）

普通語：つかまえて放さない、ひっかけて放さない！

（2度唱える）

L'envol
ひとひねり

カシュクールに隠されたあなたの胸
元に彼の目が惹きつけられて、欲望が
燃え上がったら、絶好のチャンス。キ
スしたい衝動に抗いきれず、燃えるよ
うな唇にがんじがらめにされるはず。

Atmosphère, atmosphère!
演出

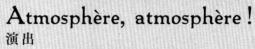

このおまじないは文字通り「手品」とも言えます。というのも、
あなたの「手」を使って彼の気を引くからです。手はせわしな
く動きます。指の描く曲線は、狙ったものをつかまえるための鉤
のように、先端が魔法をかける相手の方を向いています。長
い長いつけ爪なら、狙った相手を確実につかまえておけます。

La science infuse
おまじないのツボ

❖ **材料**：このおまじないのカギとなるのが手。柔らかくなめらかでしっとりとした手と、赤く長い爪は、彼をつかまえておくための力をさらに強めてくれるでしょう。彼の視線は自分のほうを向いた爪に惹きつけられ、指の描く曲線は鉤を思わせます。

❖ **効果**：このおまじないでは、思い切って強気に行きます。弱気なところは絶対に見せないで。

❖ **魔女の疑問**：彼があなたの鉄の手に抗わないのは、その心がビロードのようにしなやかだから？ まさか！ あなたの爪から魔法の波動が出ているからです。

Secrets de sorcière
魔女の秘密

名前：「アグリッパ」「アグリッピーヌ」という名前は、「アグリッペ〔「しっかりつかむ」の意〕」から派生した名前だけあって、名前自体に心をとらえる力があります。

Per Satanas
サタンからのアドバイス

　このおまじないでは、シンボルを徹底的に活用しましょう。カジュアルでもフォーマルでもシンプルでもいいので、指輪をはめて。指輪は絆を象徴し、絆は心を引き留めておくためのひっかけ錨でもあります。真っ赤な爪の先に血を流すハートを描けば、チャンスが10倍にも増すでしょう。

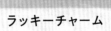

ラッキーチャーム

素材：鉄
惑星：土星
曜日：土曜日
カラー：黒、赤、鉄のようなグレー、ブリキ色
ツール：手
ポイント：意志、征服欲、強気
効果：燃えるような誠実な愛

Délires et atmosphères
小物をきかせて

赤い服、ブラックのレースやリボンは、
愛の罠にも似たこのおまじないにぴったりの装いです。

❈

鉤型のイメージはあちこちにあって、馬の蹄鉄の形をした靴の金具や、
ベルトのバックルにもあしらわれています。

❈

かぎ針で編んだカシュクールをはおって、左胸にブローチをつけましょう。
小指には3つ、中指には2つ、指輪をはめます。

❈

情熱的な欲望を表す赤、おまじないの神秘を表す黒をスタイリッシュに取り入れましょう。

❈

唇はハート形に赤く塗り、こめかみの髪は赤か赤紫色に染めれば、
強力な魔力を持つ運命の女性（ファム・ファタル）のコーディネイトが完成します。

❈

背景はハードロックと金属音。
ただし声はあくまで甘く。

Jeter un sort! Abracadabra!
おまじないをかける！ アブラカダブラ！

❈⁊ 低い声で3度、高い声で2度、魔女語で呪文
を唱えます。

❈⁊ 彼から目を離さないで。視線だけで別世界に
連れていきます。

❈⁊ 彼が話すままにしておきます。

❈⁊ 彼の言葉に熱心に耳を傾けながら、
彼を自分の世界から引き離します。

❈⁊ 低い声で魔女のつぶやきをささやきます。

❈⁊ 親指と人差し指を鉤型に丸めます。

❈⁊ 赤くて尖った長い爪を強調して。

❈⁊ 彼の手を取って、愛の夢が満ちる柔らかな海
の底へ向かいます。

❈⁊ お互いの手のひらがぴったりと重なったら、神
秘の力が流れるままにします。

❈⁊ 気を集中して。抜群の効果が表れるでしょう。

LE TOUR EST JOUÉ
仕上げ

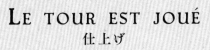

　彼をずっと独り占めするには、ひっかけ錨をかけ
直す必要があります。彼はあなたとの幸せな時間の
とりこになって、長い旅に出たような気分になり、ぼ
うっとした気分が抜けません。孤独でトラブル続きの
彼にとって、あなたは安らぎの存在なのです。彼をつ
かまえておくには、この魔法のひっかけ錨のおまじな
いを繰り返しかけましょう。ただし彼はもうあなたの
手の内にいるので、おまじないも抑え気味に……。

TENTATION
おいしい誘惑

　お茶をいれましょう。テーブルには赤いシャクヤクを活けた花瓶と、ブラック
チェリーの入ったフルーツバスケットを置きます。ケシをベースにしたオリエン
タルな香りを漂わせれば、魔法の効果が持続します。ケシ（*Papaver
somniferum*）は高さ8-18cmの植物で、茎はグレーがかっており、下部が薄
紫あるいは白の大ぶりな赤紫色の花を咲かせます。昔から魔女はケシをとて
も重宝しており、吸い込むだけでなく、道端で摘むとすぐに蒸留器に入れて
妙薬を調合していました。この妙薬の強い香りは陶然とした気分、妄想、急激
な飛翔を引き起こします。「アヘンのケシ」とも呼ばれる植物です。

Bouillon de culture... de sorcière
魔女の教養

アグリッパからアグリッピナまで、
ひっかけ錨は興味をそそるテーマ。書物にとりつかれた本の虫のように、
鉤の形は心をつかまえて放しません。

Littérature et culture
文学と文化

- フランスの詩人アルチュール・ランボーの『酔いどれ船』（1871年）には、「ひっかけ錨」という言葉が出てきます。これは、船乗りたちが錨を上げるときに使う道具です。

  「幼い子が食べるあまいリンゴよりも優しく

  緑の水はわがモミの木の船体にしみこむことだろう

  青いワインや嘔吐のシミも洗い流し

  舵もひっかけ錨も奪っていく」

- 持ち歩きができて、読むことのできるひっかけ錨もあります。ひっかけ錨はフランス語で「グラパン」。著述家ピエール・グラパン（1915-97年）はドイツ系フランス人で、フランスとドイツの関係修復に寄与しました。エリート主義の象徴のような人物で、ナンシー大学文学部、次いでナンテール大学文学部の部長を務め、「グラパン」と呼ばれる仏独辞書を編纂しました。1992年にはド・ゴール＝アデナウアー賞を受賞し、フランスにおけるドイツ学問の重鎮として尊敬を集めました。

- 「ひっかけ錨」という言葉は、バロック時代のフランスの作家で、『悲愴曲』を著したテオドール・アグリッパ・ドービニェを連想させます。彼は1630年に78歳で他界しますが、その7年前に71歳でルネ・ブルラマッキに「爪をひっかけて」ジュネーヴで結婚しました。現代フランスの歌手ジャン・フェラは『自由の風』の中でドービニェを登場させ、「大地は血も汚物も嫌いだ。アグリッパ・ドービニェも同じことを言っている」と歌っています。

- アグリッパからアグリッピナまで、文学には野心にあふれ、冷酷な人物が登場します。17世紀フランスの劇作家ラシーヌの『ブリタニキュス』では、アグリピーヌ〔アグリッピナ〕がクラウディウス帝と結婚し、息子ネロンを養子にさせます。彼女は巧みに皇帝のじつの息子ブリタニキュスを権力から遠ざけ、陰謀は成功します。西暦55年、ブリタニキュスは義兄弟ネロンによりローマで殺害されました。

Signature
小道具

ひっかけ錨（グラパン）：船乗りにはおなじみのツールで、ロープの先にいくつもの鉤がついています。これを投げてものをつかむこともあります。

L'esprit des mots
言葉遊び

「ひっかけ錨をつける」は、相手がどこにも行けないようにすること、独り占めにすることを意味する表現です。「ひっかけ錨」はもともと漁師が魚を釣ってつかまえておくときの道具で、そこから転じて恋愛関係の表現に用いられるようになりました。相手を愛するあまりつかまえて離さない、というわけです。

Mythes et légendes
神話と伝説

アグリッパとは人名でもあり、あるものの名前でもあります。その「もの」とは、人間の背丈ほどもある巨大な本で、赤いページに黒い文字が印刷されています。司祭のための本で、悪魔のサインがあったとか。強力な南京錠で閉じられていて、頑丈な梁に鎖で吊るされていたそうです。こんな本が吊るされたら、さすがの梁も曲がってしまうことでしょう。

Loukoums en fleur d'amour
愛の花のルクム

ローズウォーターの香りのロマンスはお好き？

魔法の効果

　1776年、オスマントルコのスルタン、アブデュルハミト1世は愛妾たちを喜ばせようと、どこにもないようなお菓子を所望しました。そこでイスタンブールの菓子職人が献上したのがルクムです。主原料はローズウォーターで、とろけるような食感。やがて侍女たちはこのお菓子を、恋文の入っている巾着袋に入れるようになり、恋文を取り出そうとしたらルクムだった、ということもしばしばあったとか。まさにローズウォーターの香りのするロマンティックなエピソードです。

材料（6人分）

ゼラチンパウダー　24g
砂糖　450g
赤着色料（食紅）　7滴
ローズウォーター　7滴
粉砂糖　大さじ2
コーンスターチ　大さじ2

所要時間

準備：30分
調理：15分
寝かし：1日
計：1日＋45分

作り方

❶ ボウルに水100cc、ゼラチンパウダーを入れ、3分間浸す。
❷ 鍋に水200ccと砂糖を入れ、弱火で8分温める。
❸ 火から外して溶かしたゼラチンを入れ、着色料も加えて、弱火で7分加熱する。火から外し、ローズウォーターを入れて混ぜ、冷ます。
❹ 型にオーブンペーパーを敷き、❸を流し込んで冷蔵庫で24時間冷やす。
❺ 翌日、粉砂糖とコーンスターチをふるいにかける。
❻ 冷蔵庫から❹を取り出し、型から外して、❺の上に置く。
❼ オーブンペーパーを外し、小さな四角形に切り分ける。
❽ 砂糖とコーンスターチをよくまぶす。

Mille et une histoires
豆知識

モロッコのワルザザート州の町ケラアメグーナでは、毎年5月にバラ祭りが開催されます。町の蒸留所では、花の女王バラが1000もの製品に変身し、大変な人気ぶりです。

Charmes et nature
魅惑の植物

バラは古代の詩にも登場する愛の象徴。野バラと呼ばれる野生のバラには、5枚の花びらがあります。また世界で最も栽培されている花でもあり、じつに3000に上る栽培品種が確認されています。

Au PAYS DES MERVEILLES
不思議な食べ物

赤い食紅の粉はベニノキから抽出されます。「アナトー」「口紅の木」とも呼ばれるアマゾンに生息する植物で、抗酸化物質や微量元素がたっぷりと含まれています。現地の人々は食用のほか、陽光や蚊から肌を守るための軟膏としても使っています。

私のルクム……

Secrets de sorcière
魔女の秘密

粉ゼラチン：ゼラチンはフルフルとした食感。フランスでは、粉ゼラチンは2gの板ゼラチン3枚に相当する6g入りの小袋で販売されています。

着色料：食材に色をつける食紅などは、自然由来の着色料を使いましょう。

ローズウォーター：バラの花びらを蒸留して抽出します。涼しくて日の当たらない場所で保管しましょう。

型：ルクムには正方形の型を使うと、簡単に切り分けられます。

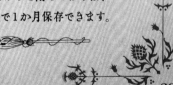

Important !
重要 !

ルクムは箱に入れてしっかりと閉めておけば、室温で1か月保存できます。

Nouilles aux herbes
ハーブのパスタ

元気を与えてくれる愛

魔法の効果

トマト（*Solanum lycopersicum*）はナス科の植物で、オオカミの桃、愛のリンゴ、ペルーのリンゴとも呼ばれます。このレシピには愛がたっぷりと詰まっていて、みずみずしい桃のように元気になります。

材料 (4人分)

パスタ　400g
鶏胸肉　200g
生ハム　100g
トマト　4個
タマネギ　1個
ニンニク　2かけ
パセリ　5本
セージの葉　5枚
ローズマリー　5本
オリーブオイル　大さじ3
バター　15g
ポートワイン　30–45ml
パルメザンチーズ　50g
塩、こしょう

所要時間

準備：20分
調理：1時間
計：1時間20分

作り方

❶ 鶏胸肉と生ハムを小さく切る。トマトは細かく切る。タマネギの皮をむき、薄切りにする。ニンニクの皮をむき、細かく切る。

❷ ハーブ類を洗い、飾り用にそれぞれ2本ないしは2枚とっておき、残りは細かく切る。

❸ フライパンでオリーブオイルとバターでタマネギを10分間炒め、ニンニクを入れる。トマトも入れ、5分加熱する。生ハムと鶏胸肉を入れ、ポートワインとこしょうをかける。弱火で30分煮る。

❹ 細かく切っておいたハーブを入れ、さらに15分煮る。必要なら塩で味をととのえる。

❺ 並行して湯を沸かし、塩を入れて、パスタを8–10分アルデンテにゆでる。

❻ ④のソースを皿に盛り、パスタを上から盛りつける。飾り用にとっておいたハーブをブーケにしてのせる。

❼ パルメザンチーズを添えて出す。

Passer à table
どうぞ、召し上がれ！

食前酒は、ソースの風味に合わせてポート
ワインを。テーブルセッティングは、トマトやサク
ランボを思わせる赤をベースにして。元気を
与えてくれる味と色を楽しみましょう。

Alimenter la conversation
魔女の余談

舞台は16世紀のペルー。スペイ
ンの探検者たちはトマトを見つけま
した。その昔、赤トマトは危険だと信
じられ、グリーントマトが好まれていま
した。赤くて丸いものはもちろん、白、
黄色、黒、オレンジ、ピンク、グリーン、
赤紫、まだら模様などのトマトがあり、
形も長細いもの、ミニトマト、ハート形、
房状のものなどさまざまです。

Secrets de sorcière
魔女の秘密

締まった実：小さくて丸く、身が締まっていて種が
少なめのトマトを選びます。長細いトマトなら、み
ずみずしくしっかりと熟したものを。

オイル：お肉を使ったパスタ料理には、動物性オ
イルよりも消化しやすいオリーブオイル、ヒマワリ油、
ラッカセイ油などを使います。

アルデンテ：トマトの味わいを楽しむには、パスタ
と同じようにアルデンテに調理します。塩を入れて
沸騰させた湯で3分ゆでたら、冷水につけます。
これで鮮やかな色が保たれます。

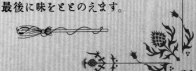

Important !
重要！

生ハム自体に塩味がついているので、
調理中は塩を加えずに、
最後に味をととのえます。

Gelée au manteau-de-Notre-Dame
聖母のマントのゼリー寄せ

Gelée au manteau de-Notre-Dame

彼を思いのままに操るには？

魔法の効果

　アルケミラ・モリスは、葉が丸みを帯びていてしわが寄っていることから、「聖母のマント」と呼ばれています。波形でギザギザの葉はふんわりと柔らかく、繊細な光沢があり、シルバーがかった薄緑や透明感のある黄色です。アルケミラ・モリスのハーブティーは月経トラブルや更年期障害を和らげてくれます。ジギタリス・プルプレアも女性のファッションを連想させ、指ぬきの形をした紫色の花を咲かせることから、「聖母の手袋」と呼ばれています。マントや手袋など聖母にまつわる植物はいくつかありますが、アルケミラ・モリスなら、愛する人を思いのままに操る手助けをしてくれること間違いなしです。

材料（2人分）

以下のハーブを1つかみずつ：

- アルケミラ・モリス（*Alchemilla vulgaris*）の葉
- イブキトラノオ（*Polygonum bistorta*）の根と葉
- イラクサ（*Urtica dioica*）の葉
- タンポポ（*Taraxacum officinale*）の根と花

仔牛の足　1本
卵　2個
バター　40g
塩、こしょう

所要時間

準備：20分
調理：1時間10分
寝かし：1日
計：1日＋1時間半

作り方

1. ハーブ類を洗う。
2. 1リットルの湯で仔牛の足を1時間煮る。ハーブ類を加え、さらに10分間煮る。
3. その間に卵1個を固ゆでにし、皮をむいてつぶす。
4. あく取りでハーブ類を取り出し、細かく切る。
5. ④に生卵1個を加え、泡だて器で混ぜる。
6. ③と⑤とバターを溶かして混ぜ、塩とこしょうを加える。
7. ⑥を型に半分の高さまで入れる。
8. ②のゆで汁を加える。
9. 粗熱を取ってから冷蔵庫で冷やし、翌日型から出す。

Passer à table
どうぞ、召し上がれ！

このグリーンのゼリー寄せは個性的なビジュアルなので、ソーセージやテリーヌなどシャルキュトリー類や冷製肉と一緒に盛りつけると一段と引き立ちます。シンプルで爽やかな味わいが、野の散歩へと誘います。

Alimenter la conversation
魔女の余談

聖母のマントことアルケミラ・モリスは、錬金術師が用いていた魔法の植物で、中世には長寿の妙薬の調合に使われていました。ただし、日が昇る前に細心の注意を払って摘まねばなりません。正確に言えば、バラのように地面に密着して放射状に広がる葉の中央に溜まった朝露を使うのです。まるで真珠のように輝く朝露は賢者の石と考えられ、金属を金に変えると信じられていました。

Secrets de sorcière
魔女の秘密

春：聖母のマントことアルケミラ・モリスの若葉など、さまざまな野生のハーブが咲き乱れます。

摘み取り：5月から7月にかけて収穫します。アルケミラ・モリスは淡い黄色の小花が特徴で、庭にも生えます。

Important !
重要！

赤ちゃんがほしい場合以外、
アルケミラ・モリスは
マットレスの下に置かないように。
この植物は子どもを授ける力があるのです。

33

Impatientes en salade
そわそわ心のサラダ

待ちきれない気持ちを表現して！

魔法の効果

スミレはとても小さな花。まるで宝石箱から少しだけ顔を出しているかのようで、内気、慎ましさを表しています。フランス語でスミレを意味するヴィオレットは女の子の名前でもあり、キャプシーヌ（キンレンカ）、フロール（フローラ）、エグランティーヌ（野バラ）、ローズ（バラ）と同じく、10月5日の聖フローラの日に祝われます（現在では「ヴィオレット」の名前はややすたれてしまいましたが）。ただし、春の訪れを告げるサクラソウ（プリムヴェール）は愛らしいのに、女の子の名前には使われません。スミレもサクラソウも春一番に咲く花で、初恋の相手にプレゼントされます。清らかな誠実さ、夢中になるあまりそわそわとする心を表す花です。

材料 (4人分)

スミレの葉　たっぷり1つかみ
スミレの花　たっぷり1つかみ
サクラソウの花と葉　たっぷり1つかみ
レタス　半個
スミレのビネガー　大さじ1〜2
ラッカセイ油　大さじ3
塩、こしょう

所要時間

準備：10分

作り方

❶ スミレとサクラソウの葉や花を洗い、キッチンペーパーでふく。

❷ レタスを洗い、適当な大きさにちぎり、①と合わせる。

❸ スミレのビネガー、ラッカセイ油、塩、こしょうでドレッシングを作る。

❹ 食べる直前にドレッシングをあえる。

Passer à table
どうぞ、召し上がれ！

フレッシュで繊細でロマンティックなサラダは、摘んでから調理するまでに根気が必要です。芽生えたばかりの恋心や、そわそわとした気持ちを表すサラダです。

Alimenter la conversation
魔女の余談

スミレの学名ヴィオラ・オドラータ（*Viola odorata*）は「香りのするスミレ」を意味します。確かにスミレはとてもいい香り。葉にたっぷりと含まれた粘液は、水に触れるともったりとします。この葉をサラダとして生で、または加熱してソースにします。花も葉もローストチキンの詰め物になりますし、チョコレートとスミレの組み合わせは、絶品デザートとして昔から愛されてきました。スミレの天然香料も販売されているので、ペストリーに使ってみては？

Secrets de sorcière
魔女の秘密

スミレのビネガー：スミレの香りのするビネガーで、サラダやソースにぴったりです。作り方は簡単。ビネガーにスミレを漬けて、10日間窓辺に置いておき、その後濾します。

スミレのマスタード：フランス、コレーズ県ブリーヴの特産品スミレのマスタードには、赤ブドウジュースとワインビネガーが使われていて、リムーザン地方で13世紀から作られています。

Important !
重要！

野に咲くスミレと、ツリフネソウを混同しないこと。後者は花壇などで栽培されますが、食べることはできません。スミレの種や根も食べられません。

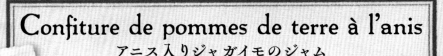

Confiture de pommes de terre à l'anis
アニス入りジャガイモのジャム

もっと魅力的になるには?

魔法の効果

ジャガイモ（*Solanum tuberosum*）はヨーロッパやアメリカで最も消費されている野菜のひとつです。少なくとも3000もの種類がありますが、すべてが食用というわけではありません。フランスなら、皮が薄く身が締まったシャルロット、粉っぽくなくしっかりとしたナディーヌ、芽の赤いピカソなどがあります。彼と食べるならデジレがおすすめ。「愛される」を意味するデジレは、マッシュポテトやジャム向きで、彼の心に作用することでしょう。

材料　370g瓶3個分（6人分）

マッシュポテト用ジャガイモ　1kg
白砂糖　250g
バニラビーンズ　3本
スターアニス　2個
ケーンシュガー　約1kg
バニラ入り砂糖　8g
シナモンパウダー　小さじ1
アニスパウダー　大さじ2
アニス風味のアルコール（パスティスなど）
　100cc
ブラウンラム　25cc

所要時間

準備：35分
調理：35分
計：1時間10分

作り方

❶ ジャガイモの皮をむき、小さく切る。

❷ 大鍋に水1リットルと白砂糖、縦に割いたバニラビーンズ2本、スターアニス、ジャガイモを入れる。

❸ 15分加熱し、バニラを取り出して、ジャガイモをゆで汁少々と一緒にすりつぶす。

❹ これを計量して、同じ量のケーンシュガーを加える。バニラ入り砂糖、シナモン、アニス、パスティスも入れて混ぜる。

❺ ④を15-20分間加熱し、ラムを加えてよく混ぜる。

❻ 煮沸消毒しておいた瓶に、バニラビーンズ1本と⑤のジャムを入れる。ふたを閉めて、空気を抜くため上下さかさまにする。

Passer à table
どうぞ、召し上がれ！

ジャムはクレープ、ガレット〔そば粉を使ったクレープ〕に塗ったり、七面鳥の栗添えのような肉料理に合わせたりして楽しめます。

Alimenter la conversation
魔女の余談

スターアニス（*Illicium verum*）は、極東（中国南部、ベトナム北部）原産の植物で、17世紀にヨーロッパに持ち込まれました。高さ18mにも達する木で、幹は白く、葉は緑色、花は黄色やピンク色です。8つの角を持つ星形の心皮〔雌しべを形成する特殊な葉〕からなる実は、強烈なアニスの香りがします。

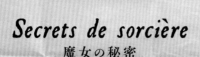

Secrets de sorcière
魔女の秘密

スターアニス：ベトナム、カンボジア、ラオス、日本、フィリピン、中国で生産されており。星の形をしていて、アニスのような風味のスパイス。

緑の部分：ジャガイモの葉、花、芽には毒が含まれており、緑色の部分があるジャガイモは食べないほうがいいでしょう。

Important !
重要！

スターアニスを使うときはほどほどに。スターアニスに含まれるアニトールを大量に摂取すると、神経系に悪影響が出ます。

Entremets à l'herbe-à-la-fièvre
熱冷ましの薬草のアントルメ

恋の病にかかってしまったら？

魔法の効果

　中世の人々はペストと毒に震え上がっていましたが、熱冷ましの薬草と呼ばれるワイルドアンジェリカが効くとされていました。ワイルドアンジェリカのおかげで、毒を持つ生き物に噛まれても、狂犬病の犬に襲われても、毒を和らげることができるというわけです。ただし太陽が獅子宮〔黄道12宮の5番目〕にあり、月も吉座相にならなければなりません。太陽時間か木星時間〔惑星に支配された時間、という占星術の概念〕が理想的で、奇跡が起こること間違いなしとされていました。意中の人の目を見つめるだけで熱が出てしまうという人も、このアントルメ（デザート）なら熱を冷ましてくれるかもしれません。

材料 (4人分)

ワイルドアンジェリカの砂糖漬け　2本
バニラビーンズ　半分
牛乳　500ml
ケーンシュガー　60g
スペルトコムギのひきわり粉か
　　グラハム粉　大さじ4
バター　クルミ大
キャラメル　1袋

所要時間

準備：15分
調理：20分
計：35分

作り方

❶ アンジェリカを細かく切る。

❷ バニラビーンズ半分を縦に割り、砂糖と一緒に牛乳に入れて沸騰させる。

❸ ひきわり粉をパラパラと入れ、泡だて器で混ぜ、バターも加える。

❹ かき混ぜながら、弱火で15分加熱する。キャラメルは溶かしておく。

❺ アンジェリカを加えて混ぜる。皿に盛りつけ、キャラメルをかける。

ああ、ジョン……、熱が出てきたみたい……

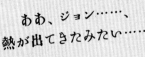

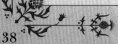

Passer à table
どうぞ、召し上がれ！

熱冷ましの薬草と呼ばれるワイルドアンジェリカは、悪運から守ってくれます。この「熱冷ましの薬草のアントルメ」も縁起のいいレシピです。

Alimenter la conversation
魔女の余談

熱冷ましの薬草とも呼ばれるワイルドアンジェリカ（Angelica sylvestris）は、湿度の高い水辺、峡谷などに生息しています。高さは60cmから1.40mほどで、しっかりとして赤みがかった茎には筋が通っており、空洞で、上に行くにつれ枝分かれします。たくさんの小花が幅広の傘形に咲き、クリーム色やピンクまじりの白い花を咲かせます。翼果〔果皮の一部が翼状に発達した果実〕と呼ばれる、大きくて平らな実をつけます。

Secrets de sorcière
魔女の秘密

飾りつけ：セイヨウトウキ（Angelica archangelica）は美しい緑色で、ペストリーやケーキの飾りつけに使われます。
開花：ワイルドアンジェリカは7月から10月にかけて花を咲かせます。

Important !
重要！

よく冷やしてから召し上がれ。

Confiture rouge piment
ピメンツの赤いジャム

恋もジャムもピリッと辛く

魔法の効果

　鮮やかな赤のピメンツジャムは目も楽しませてくれます。冷製肉やチーズに添えると、見た目はもちろん、味もぐっと引き立ちます。ポイントは、肉かチーズのどちらかに添えること。両方には使わないほうが無難です。というのもピメンツはアドレナリンの分泌を促すので、体がうずうずして、彼に余計なプレッシャーを与えかねません。刺激するのは2人の関係だけにしておきましょう。そのほうがずっと楽しいはず。

材料　325g瓶2個分（10人分）

赤トウガラシ（生）　1.3kg
ジャム用砂糖　600g

所要時間

準備：20分
調理：35分
計：55分

作り方

❶ 赤トウガラシの種とヘタを取る。

❷ ①を鍋に入れ、砂糖と500ccの水を加える。ふたはしない。

❸ 20分間沸騰させる。

❹ ミキサーにかけ、さらに弱火で15分間加熱する。

❺ 煮沸消毒しておいた瓶に入れ、すぐにふたをする。

Confiture de piments

Passer à table
どうぞ、召し上がれ！

ピメンツの赤いジャムは、リーフレタス
のサラダや冷製肉の横に小さく山型に
盛りつけると、お料理がとても映えます。

Alimenter la conversation
魔女の余談

　17世紀の医師は、トウガラシ（*Capsicum annuum*）の取りすぎに警戒するよう説いていましたが、同時にその効用も認めていました。トウガラシは消化を助け、歯痛を和らげ、近視にも効くとされていたのです。マラソン選手に関する日本での最近の研究によれば、カプサイシンを含む赤トウガラシを摂取すると、アドレナリンが上昇するそうです。アメリカの研究では、カプサイシンは前立腺のがん細胞にも有効に作用することがわかっています。

Secrets de sorcière
魔女の秘密

種：もう少し辛味のきいたジャムがお
好みなら、種を少々残しておきましょう。
食前：アミューズでこのジャムを塗っ
たミニトーストを食べると、食欲が抑
えられます。

Important !
重要！

トウガラシを調理するときには、
手袋をしたほうがよいでしょう。
とくに、トウガラシを触った手で
目をこするのは厳禁です。

Délices de champignons au basilic
キノコのバジル添え

夢に彼が出てきたら……？

魔法の効果

　メキシコ南部の原住民の間では、聖なるものとされているキノコがいくつか
あります。シベリアではベニテングタケに幻覚作用があるとされ、予言に使われ
ています。ハラタケの栽培種〔マッシュルーム〕はフランスではパリのキノコとも呼
ばれていますが、特別な作用はないようです。けれども高貴なハーブ（バジル）
を添えると、効果絶大の刺激剤に。食事中に予言はできないかもしれません
が、夢を見ることはできるかもしれません。その夢に彼が出てきたら……？

材料（4人分）

マッシュルーム　500g

クルミ　6個

バジル　1束

ニンニク　1かけ

卵　3個

生クリーム　大さじ1

フロマージュブラン

（フレッシュチーズ）　200g

バター　115g、型用に1かけ

レモン汁　1個分

五香粉、塩、こしょう

所要時間

準備：35分

調理：30分

計：1時間5分

作り方

❶ クルミは2個だけ別にしておき、残りを砕く。バジルを洗い
　半量をみじん切りにする。ニンニクは皮をむいて細かく切る。

❷ 手早くマッシュルームを洗い、粗みじん切りにする。フライパ
　ンに油少々（分量外）を入れ、強火で10分炒める。オーブ
　ンを180度に予熱する。

❸ ボウルに卵、生クリーム、フレッシュチーズ、五香粉1つまみ、
　塩、こしょうを入れ、よく混ぜる。

❹ マッシュルーム、ニンニク、砕いたクルミ、みじん切りにした
　バジルを加える。

❺ 型4つにバターを塗り、❹を流し入れる。

❻ オーブンに入れ、20分加熱する。

❼ その間に、バジルの葉数枚とレモン汁をミキサーにかけ、弱
　火で加熱する。

❽ バターを小さく切り分け、❼に加えながら泡だて器で混ぜ、
　塩、こしょうで味をととのえる。

❾ ❻を型から外し、中身を皿に盛り、❽のレモンバジルバター
　で縁取りして、残りのバジルの葉とクルミを飾る。

Passer à table
どうぞ、召し上がれ！

マッシュルームとバジルは相性抜群。
バジルは味覚を刺激し、メキシコでは
薬用効果があるとされています。

Alimenter la conversation
魔女の余談

キノコは最高の食材にも最悪の
食べ物にもなりうるのが恐ろしいとこ
ろ。というのも、一部の種類は死を
招くからです。キノコ狩りでは、的確
な識別が肝心。キノコは不思議な
通称を持つものも。フランスではク
ロラッパタケは死のトランペットとも
呼ばれていますが、安全に食べら
れます。

Secrets de sorcière
魔女の秘密

温かいうちに召し上がれ：このお料理
は調理したらすぐに食べること。必要な
ら、温め直しても。
サタン：ウラベニイグチはフランス語で
はサタンのイグチとも呼ばれ、黄色や赤
の茎が特徴。名前の通り、とても危険
なキノコです。

Important !
重要！

飾りつけ用にクルミ2個と
バジルの葉数枚を取っておくことを
お忘れなく。

第 2 章

La beauté,
à tomber par terre !
目もくらむような美を！

Belle comme le jour! Abracadabra!

ヒルガオのように美しく！ アブラカダブラ！

美を味方につけて、朝露のように爽やかに

頭からつま先まで、自然は輝くような美しさをもたらしてくれます。
クレイジーな植物もハーブもあなたの美に仕えるしもべ。
けれどもどうしたらその効用や力を引き出せるのでしょう。
花浴？ パック？ ローション？ ハーブティー？ 欲を張るのは禁物です。

⊰ Le Grand Jeu ⊱
ポイント

このおまじないの目的は変身。美しいあなたに、周囲の人は翻弄されっぱなしでしょう。豊かな植物の樹液や根などから「サタンの精髄」を引き出すのです。

Faire un vœu
呪文

ヒルガオのように美しく！

魔女語：Bella quam diem sum,（ベラ クアム ディエム スム）
pulcherrima era（プルケリマ エラ）（3度唱える）

普通語：ヒルガオのように美しく、
私は世界一美しい（2度唱える）

Atmosphère, atmosphère !
演出

あなたの変身を証明してくれるのは鏡。美しさを増したあなたは、美の化身です。鏡に映った自分を信じて。鏡には嘘もお世辞もありません。鏡があなたを美しいと言ってくれるなら、あなたは確かに美しいのです。あとは彼が真実を告げてくれるでしょう。

Paroles de grimoire
魔女のつぶやき

Bellas plantas（ベラス プランタス） 美しい植物
Bouillanto（ブイラント） 不思議なハーブを
Herbas follas（エルバス フォラス） 熱湯に浸しましょう
Amo forte（アモ フォルテ） 私はすっかり夢中
Mea pulchra（メア プルクラ） さあ、私の美に
Sacrifies vobis !（サクリフィエス・ウォビス） あなたの身をささげてちょうだい
Rosa meis pedibus（ロサ メイス ペディブス） バラは私の足元に
Plantae in meam faciem !（プランタエ イン メアム ファチエム） 植物は私の顔に
Magicae herbae（マジカエ エルバエ） 魔法のハーブは
Expoliarent meum corpem（エクスポリアレント メウム コルペム） この体を開花させてちょうだい
Bella planta sum !（ベラ プランタ スム） 私は麗しの植物

L'envol
ひとひねり

魔法の植物やバスタイムは美を引き出してくれます。美が力を発揮して、彼を惑乱させるでしょう。「ああ、時間よ。時を刻むのをやめて！」。ほら、彼はすっかりあなたのとりこです。

Secrets de sorcière
魔女の秘密

名前：このおまじないをするあなたが「オーロール」という名前なら申し分なし。美しい「夜明け」を想起させるぴったりの名前です。

La science infuse
おまじないのツボ

✤ **材料**：美の霊薬の秘密は、カモミール、ルリジサ、サンザシ、ヒナギクなどの植物にあります。これらの花やハーブは、朝露が残っているうちに摘みましょう。それをアルガンオイルの入った薬壺に数日間漬け込んで、ときどき混ぜます。壺は空気が入ってこないよう、上下さかさまにします。

✤ **効果**：毎朝これを顔につけ、夜はバスタブに入れると、魔法が効いて、効果が発揮されます。

✤ **魔女の疑問**：彼がまるで虫のようにあなたの足元に身を投げるのは、あなたが美しい植物だから？

ラッキーチャーム

素材：オパール
惑星：金星
曜日：金曜日
カラー：イエロー、淡い黄色、サフラン色
ツール：鏡
ポイント：繊細さ、熱心、洗練
効果：すぐに美しくなれる

Per Satanas
サタンからのアドバイス

このおまじないは、準備に時間がかかります。植物由来のクリームは香りが強く、ふたを開けて手に取るととろりとなります。彼はあなたの思いのまま。美しすぎるあなたに夢中です。でも焦りは禁物であることをお忘れなく。

Délires et atmosphères
小物をきかせて

バスルームの壁はカモミール色、白、黄色。棚はインディアンローズ色。
そしてすてきな鏡。あなただけの宇宙を作りましょう。
このおまじないのテーマは、リラックス＆心地よさ。
バニラや白檀の香りのするキャンドルに火をともして、
おまじないが終わるまでつけたままにします。
ゆっくりと湯に身を浸し、いい香りのする泡を楽しみましょう。

❊

手の届くところに磁器ポットと木のスプーンを用意して、
花と植物を煮たものを入れておきます。
これを顔に塗って、バスタブにもひとさじ入れます。

❊

バスローブはシルクで花柄のものを。しどけなく、前は閉めないかひもで結んで。

Jeter un sort! Abracadabra!
おまじないをかける！ アブラカダブラ！

❊┤ 呪文を暗記して、丁寧に発音します。

❊┤ バスローブをまとって。ただし体を隠さずに。

❊┤ 髪はしばらず、肩に落ちるままに。

❊┤ 彼から目をそらさないで。

❊┤ 魔女語で3度、普通語で2度、呪文を唱えます。

❊┤ 彼に近づき、植物の香りをたっぷりと吸わせます。

❊┤ 鋭い音を強調して、魔女のつぶやきをささやきます。

❊┤ さらに彼に近づいて、視線をくぎづけにします。彼はあなたの美しさのとりこに。

❊┤ きれいだねとほめられたら、頬を近づけて、ここで初めてキスをします。

❊┤ あなたに夢中の彼は、思わず「なんてきれいなんだ」もため息をつくはず。

Le tour est joué
仕上げ

この世のものとも思えぬ美しさは生気を与えてくれ、心臓は激しく鼓動します。まわりの人から賞賛されることほど、晴れがましいことはありません。友達もきっとあなたの美しさに驚くはず。彼には何度でも魔法をかけましょう。魔法をかけるごとに、彼はあなたの美しさを発見し、心動かされ、夢中になっていきます。もっと刺激がほしいなら、ハーブや植物を変えて、彼が香りに飽きないようにします。バラ、マンダリン、スミレ、ワスレナグサなど、美と香りは季節ごとに姿を変えて調和するのです。

ヒルガオのように美しく

永遠に美しく

あなたは美の化身

TENTATION
おいしい誘惑

食前には、甘くて爽やかなヴィーナスのへそ（ギョクハイ）はいかが。彼の目をくらませましょう。ヴィーナスのへそという名前からして官能的ですが、このベンケイソウ科の植物は古壁の割れ目や廃墟、石ころだらけの傾斜地や断崖に生息し、さまざまな名前で呼ばれています。なかには愛とは無関係の風変わりな名前も。たとえば「ゴブレ（コップ）」という名前を聞いたら思わず「乾杯」と言いたくなりますし、「オレイユ・ダベ（神父の耳）」という名前からは悪魔的で奇妙な食べ物を想像します。

ギョクハイ150gとスイートシスリーを1つかみ摘みましょう。水で洗って、乾いたタオルで水気を切ります。ギョクハイの茎と葉を盛りつけて、スイートシスリーでアニスの香りを添えましょう。

Le fin mot de l'histoire
魔女の独り言

「ヒルガオのように美しく」は、美で銀幕を圧倒した1967年のフランス映画『昼顔』を連想させます。美しいあなたにこそ似つかわしい花なのです。

Bouillon de culture...
de sorcière
魔女の教養

太古から人々は美を求め、魔女は魔法を用いて女性を美しくしてきました。
クレオパトラからマリー・アントワネットまで、
高貴な女性たちはこうした魔法を重用していました。あなたも鏡を信じて！

Le goût de l'Histoire
歴史はお好き？

歴史上多くの高貴な女性たちが美女と謳われ、その美容法が伝えられてきました。古代エジプトの女王クレオパトラ（紀元前69–30年）は、古代ローマの政治家ユリウス・カエサルや軍人マルクス・アントニウスと浮名を流しましたが、エッセンシャルオイルで髪のお手入れをしていたとか。フランス国王ルイ16世の妃マリー・アントワネット（1755–93年）は陶器のように艶やかな肌と、白粉をはたいたシミひとつない手が有名です。イギリスのヴィクトリア女王（1819–1901年）はローズウォーターの香りを楽しんでいたと伝わっています。

Littérature et culture
文学と文化

• 多くの哲学者たちは美の定義について議論し、アートや自然と結びつけて考えてきました。古代ギリシャの哲学者は、美を調和とバランスの文脈の中で考察し、プラトンは栄華と真実の輝きという概念を記述しました。18世紀のカントは、美は目的なしに万人に愛されるものと考えました。

• 近現代ではフランスの詩人ボードレールが「美はつねに奇妙だ」と書いています。20世紀のアーティストや批評家は「美」という概念にほぼ言及しませんでしたが、現代では再び注目を浴びるようになりました。美は一朝一夕にしてならず。2009年にはガリマール社が『10万年の美』と題した書籍を刊行しました。

• 『昼顔』（1967年）はルイス・ブニュエル監督、カトリーヌ・ドヌーヴ主演の映画。原作は1928年に発表されたジョゼフ・ケッセルの小説です。

L'esprit des mots
言葉遊び

「ヒルガオのような美女」とは絶世の美女を指します。「星のような美女」という言い回しも。確かに、これ以上の美の表現はなかなかないでしょう。男性では「神のような美男」とやはり現実離れした表現ですが、ヒルガオや星とは少し違ったニュアンス。けれども「トラックのような美男」よりもずっとすてきです。

Mythes et légendes
神話と伝説

　ローマ神話に登場するヴィーナス、ギリシャ神話のアフロディテは、美と愛、誘惑の化身です。ヴィーナスの語源はラテン語で「結びつける、つなぎ合わせる」を意味するvincireから来ています。ヴィーナスは男性である炎と女性である水を結びつけ、命を生み出すのです。

　美の女神ヴィーナスを描いた絵画作品は数多くあります。中でもサンドロ・ボッティチェッリの『ヴィーナスの誕生』や、フランス、マコンのウルスリン美術館に収蔵されているフォンテーヌブロー派の『鏡のヴィーナス』は必見です。

✣

　美は物語における重要な要素。グリム兄弟の童話『白雪姫』にも、「鏡、麗しの鏡よ、世界で一番美しいのは私だと言っておくれ」との言葉が。こう鏡に語りかけたのは邪悪魔女である王妃で、継娘の白雪姫の美しさに嫉妬の炎を燃やしました。

signature
小道具

　鏡：「魔女の目」とも呼ばれる鏡の魔力は絶大。放射状に金塗りのメタルで囲まれた凸鏡は、リビングで抜群の存在感を放ちます。フランスのシャティ・ヴァロリス製の鏡は、20世紀の雰囲気を漂わせ、ヴィンテージ感たっぷり。

Lui faire de l'effet! Abracadabra!
彼の心を動かす！アブラカダブラ！

私はあなたのもの。ほら、心が傾き始めた

細くくびれた腰、完璧なシルエット、
謎めいたアクセサリーを着けたあなたに彼は動転するばかり。
野花やブラックサテンの仮面で彼を幻惑しましょう。
あなたは小悪魔？それともフェアリー？

✦ Le Grand Jeu ✦
ポイント

芝居がかったこのおまじないは、前座、変身の準備とリハーサル、そしてカスタマイズと舞台登場の3段階からなります。

Faire un vœu
呪文

彼の心を動かす！

魔女語：Admirat me, captivus quasi rattus（3度唱える）

普通語：彼は賞賛の目を向ける、彼はまるでネズミのよう

（2度唱える）

Paroles de grimoire
魔女のつぶやき

A capite ad pedes　頭からつま先まで
Admirat me　彼は賞賛の目を向ける
Cutis angelus　天使のような肌と
et Corpus celestus　夢の体
In mea masca　仮面の下には
Habeo cattus oculis meis　猫の瞳が隠れている
Captivus quasi rattus　彼はまるでネズミのよう

L'envol
ひとひねり

完璧なボディと、仮面に隠された、ミステリアスで熱っぽい瞳。美はスポットライトを浴びて、ひときわ輝きます。彼はあなたの仕掛けた罠にすっかりはまってしまいました。このゲームはあなたの勝ちです。

Atmosphère, atmosphère !
演出

夏の宵に、一糸まとわずメイクもせずにこの魔法をかけてみましょう。身に着けるのは仮面だけ。あなたの燃えるようなまなざしに、彼はぼうっとなってしまうはず。芝居がかったこの魔法は、彼の頭をクラクラとさせ、ミステリアスな雰囲気は彼の心をわしづかみにするでしょう。魔法の効果は絶大。美とあなたは一心同体となるのです。

La science infuse
ふまじないのツボ

✿ **材料**：マリアアザミ、ゴボウ、グリーンティーなどは顔色
を明るくします。スマートなボディを目指すならトケイソウ
属を。前者の3つで肌のお手入れをすれば、肌はつ
やつや。トケイソウ属はリラックス効果を発揮しつつ、
女神のようなボディラインをもたらしてくれるでしょう。

✿ **効果**：ハーブティーを1日3回飲みましょう。またトケイ
ソウベースのサプリは、若々しさやスマートなボディライ
ンを保つ手助けをしてくれます。

✿ **魔女の疑問**：魔法の薬を飲んでフェアリーに変身する
必要はある？ 彼はあなたに夢中なのに……。

Secrets de sorcière
魔女の秘密

名前：あなたがスイートで無垢な
「アンジェリーナ」という名前なら、
彼もまさかおまじないをかけられ
ているなんて思いもしないはず。

ラッキーチャーム

素材：カーネリアン、
　　　　サンストーン
惑星：金星
曜日：金曜日
カラー：オレンジ、琥珀色、
　　　　ブラッドレッド、グリーン
ツール：仮面
効果：強力で自然体な魅力

Per Satanas
サタンからのアドバイス

このおまじないはお浄めから始まります。まず植物由
来のものを摂取しましょう。次に心をととのえます。肌が
毛穴の汚れや小じわ、その他日常生活でたまった疲
れから解放され、体が自由になり、神経が緩んだら、
美しいボディラインももう目の前。魔法の力でフェアリー
に変身したあなたの魅力に、彼は抗えません。

Délires et atmosphères
小物をきかせて

秘密の花園：マリアアザミ、ゴボウの種をまいて、
収穫を楽しみにしながら辛抱強く育てましょう。

✳

土を触ったり作物を収穫したりするだけで、
嬉しい気持ちが顔のしわをのばして、
ボディを磨いてくれるでしょう。

✳

その日が来たら女神に変身します。
カールして輝く髪、リラックスした表情、はじけるようなボディ。
誰もあなたの魅力に抗うことなどできません。

✳

自然なままで。その微笑みこそが最高のメイクなのです。

Jeter un sort! Abracadabra!
おまじないをかける！ アブラカダブラ！

- 呪文を暗記して、丁寧に発音します。
- サテンの仮面をつけて、視線を隠します。
- 堂々と振る舞って、彼の賞賛の眼差しを想像して。
- 腰の片側に体重をかけて、ボディラインを強調します。
- 彼の前でフェアリーのように存在感をアピールして、彼をうっとりとさせます。
- ベルトでほっそりとした腰を強調して。
- 魔女語で3度、普通語で2度、呪文を唱えます。
- 強力な魅力を発揮して、彼を巻き込んで。
- 魔女のつぶやきをささやきます。
- もう何者もあなたから彼を引き離すことはできません。彼は罠にはまった獲物のよう。
- 彼のハートをカゴに閉じこめて。このカゴは豪奢な金の牢獄です。
- 彼は思わず「なんて美しいんだろう」とつぶやくでしょう。

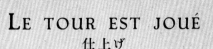

LE TOUR EST JOUÉ
仕上げ

　美は奇跡を起こします。その相手が意中の人なら理想的。この奇跡は謎に満ちた現象なのです。けれどもとのようにして、自然由来のものを使いながら準備を進めればよいのでしょう。この魔法の前座には、ゴボウやトケイソウ属を用います。ぼうっとした彼を翻弄するには、モウズイカやセイヨウナツユキソウを。あなたの美がぐっと引き立つでしょう。心を込めて丁寧に準備を進め、薬草を調合して、しかるべく使いこなしてこそ、効果が発揮されるのです。さらに言えば、落ち着いた気持ちで調合すれば、あなたの物腰も外見もさらに美しくなります。落ち着きと調合という最高の組み合わせで、魔法の力も高まるはず。

信じられない
神がかった美しさは
彼の心を動かす
私は夢を見ているのかしら

Le fin mot de l'histoire
魔女の独り言

　魔法とは「相手の心を動かす」こと。とてもすてきなことなのです。エディット・ピアフも「ありのままの彼が好き、彼は私の心を動かす」と歌っています。

TENTATION
おいしい誘惑

　セイヨウナツユキソウのクレープとモウズイカのハーブティーを用意します。クレープは普段のレシピを使いますが、ポイントはセイヨウナツユキソウの葉4枚を漬けた牛乳を使うこと。セイヨウナツユキソウの花も飾りましょう。

　このバランスのとれた夜食は、魔法の前座です。モウズイカに隠されたあなたの熱い瞳の秘密を、彼は探り当てることができるでしょうか。彼はお皿の上のクレープのごとくあなたの思いのままですが、あなたに夢中になるあまり、どこか疲れていそう。サリチル酸を含んだセイヨウナツユキソウには鎮痛効果があり、彼の身も心もほぐれるでしょう。ハーブが充分に効果を発揮したら、ハーブティーで気力を取り戻しましょう。独特の黄色い花を咲かせるモウズイカは鎮静効果があることで知られています。モウズイカの花と根20gを、0.5リットルの湯に浸します。ハーブを濾して彼に飲ませれば、前座の完了です。

Bouillon de culture...
de sorcière
魔女の教養

美しさで彼の目を引くことと、心を動かすことは必ずしも同じではありません。
美しく機知豊かなことで知られるポンパドゥール夫人は既婚者でしたが、
フランス国王ルイ15世に魔法をかけて恋に落ちました。
そうした時に、仮面は抜群の効果を発揮します。

Mythes et légendes
神話と伝説

実際の魔法では、「効果」は非常に重要な最終段階と考えられています。つまり結果こそが大切なのです。たとえば、野ウサギが道を横切ったら、引き返します。というのも野ウサギは運命の予兆で、その効果が発揮されると、見た人が危険にさらされるからです。

Signature
小道具

仮面：ビロードやブラックサテンでできていて、レースがあしらわれることもあります。顔の上部分を隠すので、半仮面と言ったほうが正しいかもしれません。現在はカーニバルなどで使われますが、その昔は貴婦人が舞踏会でつけたり、外出時に肌の白さを保つためにつけたりしていました。

L'esprit des mots
言葉遊び

「心を動かす」とは、ある人に何らかの気持ちを起こさせること。恋愛の分野では、官能的なニュアンスもあり、奇妙で心地よい動揺が胸いっぱいに広がります。こうした意外でうっとりするような気持ちを起こさせるもののひとつが美ですが、男女に共通して何よりも強力に作用するのは、人格や魅力から発せられる言葉にしがたいものです。これこそがあなたから平衡感覚を奪って、上も下もわからなくさせてしまうのです。

Le goût de l'Histoire
歴史はお好き？

　宮廷人の心を動かした「女王」と言えば、ポンパドゥール夫人をおいてほかにいないでしょう。彼女の美しさと生き生きとした機知は、社交界で大きな注目を浴びました。人々から賞賛の視線を向けられても余裕の夫人は、自分の魅力を知り抜いていて、夫シャルル・ル・ノルマン・デティオールも、妻の活躍を阻もうとはしませんでした。

　ポンパドゥール夫人ことジャンヌ＝アントワネット・ポワソン（1721–64年）は、貞節とは言いがたい両親に育てられましたが、彼女自身も決して貞淑な妻だったわけではありません。幼い頃に占い師から、そなたは王の寵愛を受けるだろうと予言され、まわりから「小さな王妃」と呼ばれていました。

　彼女の美貌と利発さは、ルイ15世の目を引きました。優雅でほっそりとしたたたずまいが、国王の心を動かしたのです。彼女の誘惑の武器は、すば

らしく美しい肌、真っ白な歯、気品ある物腰。そして何よりも、たたけば響くような機転のよさは宮廷人の賞賛の的となりました。国王が初めて彼女に会ったのは狩りのとき。そして仮面舞踏会で再会を果たしました。1744年のことです。彼女は襟ぐりが大きく開いたドレスをまとい、狩りの女神ディアーヌに扮していました。そして予言通り、国王の寵愛を受けるようになったのです。

　23歳のジャンヌはヴェルサイユ宮殿に住まいを与えられました。自室からは、秘密の階段で国王のもとへ行くことができます。彼女は夫と別居し、ポンパドゥール侯爵夫人の称号を与えられましたが、次第に国王の愛情は薄れていきます。ジャンヌは42歳で他界しますが、宮廷人としては特別なことに、ヴェルサイユ宮殿内で息を引き取りました。

Chair de pomme à l'hibiscus
ハイビスカスの香りのリンゴ

頬を赤く染めるのは？

魔法の効果

リンゴの果肉をハイビスカスに漬けると赤く染まります。リンゴは恋心をかきたてる誘惑の果実。官能的に煮詰まったリンゴのコンポートは欲望を表す赤い色で、そこはかとない香りがします。赤は頬を染める美味な色なのです。

材料（2人分）

リンゴ　4個
ドライハイビスカスの花
　小さじ2

所要時間

準備：30分
寝かし：8時間
調理：25分
計：8時間55分

作り方

❶ リンゴの皮をむき、種を取って、小さく切る。

❷ 大さじ2程度の湯を沸かし、ハイビスカスの花を入れて、5分間煎じる。

❸ あく取りで花を取り除き、リンゴを入れる。

❹ 粗熱を取ってから、冷蔵庫で8時間冷やす。これを濾して、耐熱皿に並べる。

❺ 180度に予熱したオーブンで20分加熱し、裏ごししてコンポートにする。

Mille et une histoires
豆知識

旧約聖書『創世記』の話を通して、リンゴは人間の罪と結びつけて考えられるようになりました。ラテン語でリンゴの木は「マルス」ですが、この言葉は「悪の木」をも意味します。フランス語で「リンゴをかじる」が「処女を失う」を指すのも、ここから来ています。

Charmes et nature
魅惑の植物

リンゴは漿果〔ミカンなど多肉質で水分が多い果実〕と核果〔桃など中心に核を持つ果実〕の中間に位置する偽果で、飾り用、シードル用、生食用の3つに分かれます。セイヨウリンゴ種（*Malus pumila*）には世界各地でじつに2万以上の変種があります。

Au pays des merveilles
不思議な食べ物

フランス語にはリンゴにまつわるさまざまな言い回しがあります。カナダのケベック州では、「リンゴの唄を歌う」は「愛をささやく」を意味し、フランスでは「リンゴをしゃぶる」は「キスする」を意味します。「リンゴの中に落ちる」は「失神する」の意。1975年にフランスのゴンクール文学賞を受賞したパスカル・レネの『レースを編む女』には、ポム（リンゴ）という名の純真で初々しい人物が登場します。目もくらむほど美しい文体の、とても魅力的な小説なので、恍惚として気を失わないよう要注意です。

Secrets de sorcière
魔女の秘密

花：小袋に入ったドライハイビスカスは、輸入食材や専門食材を扱う店で売られています。

色：リンゴはグリーンでも黄色でも白でも構いません。コンポートにすれば同じ色になるのですから。

Important !
重要！

コンポートは前日に調理して、しっかり漬けましょう。

Nombrils de Vénus à l'anis
アニスの香りのヴィーナスのへそ

ぺたんこのおなかを手に入れるには?

魔法の効果

ギョクハイは葉が丸っぽく、ソーサーのような窪みがあるため、「ヴィーナスのへそ」とも呼ばれています。何とも興味深い名ですが、学名 *Umbilicus rupestris* の意味は「岩のへそ」、と武骨でデリカシーには欠けます。ギョクハイは外用薬として用いられ、粘液をたっぷりと含んだ葉を傷に当てると、癒合が促されます。けれども昔の人のように、食用として楽しまない手はありません。ギョクハイには利尿効果があるため、ぺたんこのおなかを手に入れるのも夢ではないでしょう。

材料 (4人分)

ギョクハイ　150g
スイートシスリー　1つかみ

所要時間

準備：5分

作り方

❶ 摘んできたギョクハイを洗い、キッチンペーパーで水気を取る。茎も葉も取らずにそのまま使う。

❷ スイートシスリーはみじん切りにする。

❸ グリーンサラダやトマト、コーンなどを器に盛り、食べる直前にギョクハイとスイートシスリーを添える。

La parenthèse enchantée
閑話休題

ギョクハイは古壁に生えていることが多く（ときには屋外だけでなく屋内に生えることも）、とても簡単に摘めます。茎と葉は液をたっぷりと含んでおり、ほとんど水を必要としません。

SE METTRE AU VERT
草原でひと休み

ベンケイソウ科のギョクハイはケイ酸質の土壌を好み、岩に生えます。地中海および大西洋地域に分布し、高さは50cm。多年草の塊茎植物で、まっすぐで赤みがかった茎は次第に明るいグリーンに変わります。厚みのある葉は、根元に集中しています。

Cornues & alambics
霊験あらたかな液体

この香草は、余分なものを体外に排出する爽やかな香りのグリーンティーと組み合わせるのが理想的。すばらしい風味を楽しみましょう。

Secrets de sorcière
魔女の秘密

アニス：このレシピのカギとなるアニスの風味は、スイートシスリーから来ています。
ドレッシング：バルサミコ酢とヒマワリ油のドレッシングがおすすめです。
爽やかに：「暑い季節の穀物」と呼ばれる大麦を加えると、いっそう爽やかな風味が楽しめます。

Important !
重要！

ギョクハイはそれ自体が美味で、
甘みと酸味があるので、
生で食前のおつまみとしても楽しめます。

Vinaigre de Grandvieux
美酒の寄せ集めビネガー

いつまでもほっそりと若々しさを保つには?

魔法の効果

酢は紀元前400年頃から消費されていました。人類史上初めての薬のひとつです。ギリシャの賢人で医学の父と呼ばれるヒポクラテスは、酢の治癒効果を高く評価していました。酢は脂肪を燃焼すると言われていて、サラダなどの味つけに使えば、痩身効果や老化防止が期待できます。酢はいいことずくめ。すらりとしたラインと若さを保ってくれるというのですから、このレシピを試さない手はありません。

材料 (10人分)

種酢〔ビネガーの瓶の中に残っている
　ゼリー状のかす〕　カップ1
複数の高級ワインの残り　5リットル
エストラゴンまたはタイムなど　5本

所要時間

準備：10分
漬け込み：6か月
計：6か月

作り方

❶ 口の細い大瓶に種酢を入れる。
❷ 複数の高級ワインの残りを、澱とともに①に入れる。
❸ エストラゴンあるいはタイムなど香りのよい植物を入れる。
❹ しっかりと栓をして、乾燥して風通しのよいところに置く(室温20℃)。
❺ 6か月〜1年つけておく。

Passer à table
どうぞ、召し上がれ！

このビネガーを味わうには、最低6か月待ちましょう。いつまで漬けておいても大丈夫です。高級ワインのように、このビネガーも年を経れば経るほど味わいが深まります。

SE METTRE AU VERT
草原でひと休み

酢酸菌は空気中にあるバクテリアです。ルイ・パストゥールは1862年に、酢酸菌が酸化を引き起こすことを証明しました。酢酸菌の働きにより、酸素に触れたアルコールが酢になるのです。

Cornues & alambics
霊験あらたかな液体

ビネガーを小瓶に入れて、ロウで栓をして、作った年を書き込んだレトロなラベルを貼ると、とてもシック！塩、こしょうなどの調味料と合わせて、テーブルにセットすればとても映えます。ラズベリービネガー、カシスビネガー、バナナビネガー、トマトビネガー、バラの花びらビネガーなど、サラダによって使い分けましょう。

Secrets de sorcière
魔女の秘密

ワイン：おいしいビネガーをつくるには、おいしいワインを使います。
失敗：種酢は液体が不足すると死んでしまいます。
栓：ビネガーの栓は空気が入ってくるように、密閉性の低いものを。ただし虫や埃は招かざる客です。
呼吸：ときどき栓を抜いて、空気を入れましょう。
量：大瓶からビネガーを取り出すたびに、同量のワインを加えます。

Important !
重要！

ワインが数週間空気に触れていると、表面にゼリー状の膜ができます。これが種酢です。扱うときは細心の注意が必要です。種酢がない場合は、ワイン2に対しビネガー1（できれば殺菌処理していないもの）を混ぜて、最低6か月待ちます。

Rosa pample & moussa
ロサ・パンプル・エ・ムーサ

バラ色の肌を手に入れるには？

魔法の効果

20世紀のフランス人歌手リナ・マルジの歌にあるような、「緑に覆われた屋根の下で飲む白ワイン」なしには、この飲み物は作れません。「ロサ・パンプル・エ・ムーサ」〔フランス語でグレープフルーツは「パンプレムース」〕は、どこかラテン語のような、スペイン語のような、美しい響き。時を止めることはできませんが、魔法を使えばバラ色の肌を留めておくことも夢ではありません。

材料（6人分）

ピンクグレープフルーツ　3個
白ワイン　1リットル
メープルシュガー　100g

所要時間

準備：10分
計：10分

作り方

❶ グレープフルーツを絞り、ボウルに果汁を入れる。
❷ 白ワイン、メープルシュガーの順に加えて、よく混ぜる。
❸ サーバーに移して、冷やして飲む。

Passer à table
どうぞ、召し上がれ！

ロサ・パンプル・エ・ムーサはアルコール入りですが、爽やかな飲み物なので、レモネードグラスにサービスしましょう。白ワインの代わりにレモネードで割れば、アルコールが苦手な人でも飲めます。ストローをお忘れなく。バラ色の飲み物を楽しんで！

Croque-merveilles
ほんのひと手間

グレープフルーツの苦みを和らげるために加えるメープルシュガーはピンク色。220gのシュガーに対し、50gのバラの花びらを用意し、ジャーに入れて2週間、20度前後の温かい場所に置いておけば、ピンクメープルシュガーのできあがりです。

Se mettre au vert
草原でひと休み

マレーシア原産のブンタン（*Citrus grandis*）の実はとても苦いのですが、これがオレンジと自然交配してできたのが、グレープフルーツ（*Citrus paradisi*）です。グレープフルーツには果肉が黄色いものとピンクのものがあります。

グレープフルーツ！

Secrets de sorcière
魔女の秘密

ドライ：このレシピでは甘口よりもドライな白ワインを。甘口だと、グレープフルーツの苦みとぶつかってしまいます。
ピンク：イエローグレープフルーツよりも酸化防止効果が高いピンクグレープフルーツは、若さを保つ力強い味方。しかも白ワインをピンク色に染めてくれるのですから、使わない手はありません。
ジュース：カリフォルニアでは、グレープフルーツジュースはとてもポピュラーな飲み物。カリフォルニアだけでなく、イスラエルでも盛んに栽培されています。

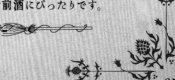

Important !
重要！

メープルシュガーは、メープルを原料とする顆粒状のブラウンシュガーで、これを使ったロサ・パンプル・エ・ムーサは食前酒にぴったりです。

Soupe a l'oseille sauvage
スイバのスープ

心強い戦士

魔法の効果

　スイバはシュウ酸を含むため、酸味があります。フランス語ではオゼイユと呼ばれますが、語源は「酸味を帯びた」を意味するラテン語acidulusです。リウマチ、痛風、腎臓障害の人にはお勧めしませんが、抗壊血病、利尿、解熱、緩下、健胃などたくさんの働きをする植物です。また体内の老廃物の排出を促し、腸の働きを助け、吹き出物にも効きます。槍の穂先の形をしたスイバは、健康を守ってくれる心強い戦士なのです。

材料（4人分）

スイバ　300g
ジャガイモ　2個
タマネギ　1個
バター　15g
ブイヨン　1.5リットル
ブーケガルニ　1個
卵黄　2個
生クリームまたは牛乳
　150cc
塩、こしょう

所要時間

準備：25分
調理：35分
計：1時間

作り方

❶ スイバを洗い、みじん切りにする。
❷ ジャガイモの皮をむき、角切りにする。
❸ タマネギの皮をむき、薄切りにして、バターで炒める。
❹ スイバも一緒に炒め、塩、こしょうを振る。
❺ ジャガイモ、ブイヨン、ブーケガルニを入れ、ふたをして30分間煮る。
❻ ブーケガルニを取り出し、❺をミキサーにかけてから、卵黄を混ぜる。
❼ 生クリーム（または牛乳）を入れて混ぜ、器に注ぐ。

KOだ！

La parenthèse enchantée
閑話休題

　ジャガイモの種類は約4000に上りますが、フランスでとくに人気があるのはシャルロット、アマンディーヌ、ローズヴァル、スターレット。ナス科の塊茎で、フランスでは7月31日までは初物とされ、その後新じゃが、保存用ジャガイモに分類されます。保存用のものはマッシュポテトやスープ向きです。

Cornues & alambics
霊験あらたかな液体

　やや酸っぱいこのお料理には、カシスリキュールを加えて甘くしたワインが相性抜群。

Se mettre au vert
草原でひと休み

　スイバは野原や森、畑、川辺に咲き、1mに達する花茎で、すぐに見分けがつきます。5月から8月にかけて穂の形をした花が咲き、槍の形をした葉が根元にみっしりと茂ります。スイバ属の学名 *Rumex* はラテン語で「槍」の意。その葉の形から来ていることは言うまでもないでしょう。

Secrets de sorcière
魔女の秘密

スイバ：スイバ（*Rumex acetosa*）が見つからなければ、フレンチソレル（*Rumex scutatus*）でも代用できます。
野菜：ブイヨンは肉ベースのものと、野菜ベースのものがありますが、スイバにはニンジンやポワロネギ風味の野菜ベースのブイヨンが合います。ヘルシーなのもうれしい点。
春：4月初旬には、美味なスイバの若葉が楽しめます。

Important !
重要！

スイバはサラダにしてもおいしいですし、ほうれん草のように調理しても。若葉や、花の先端の黄色い部分を摘みます。

Petit vin blanc d'abricotine
アンズの白ワイン

目指すは女王のような艶やかな肌

魔法の効果

アンズ（*Prunus armeniaca*）はその美しい色合いから、「アンズ色の肌」などの表現にも使われます。この飲み物では、アンズを白ワインに漬けて色を移します。教養あふれるフランスの著述家ベルナール・ル・ボヴィエ・ド・フォントネル（1657–1757年）から「王侯貴族の果実」と呼ばれたアンズを使ったこのワインを飲めば、女王のような艶やかな肌も夢ではありません。

材料（6人分）

アンズ　30個
シナモンスティック　2本
90度のアルコール　500cc
白ワイン　3リットル
砂糖　400g

所要時間

準備：15分
調理：16分
寝かし：計25日

作り方

❶ アンズを洗って種を取り、2つに割る。

❷ 鍋で湯500ccを沸かし、アンズを6分間ゆでる。

❸ ざるに上げて裏ごしし、ジャーに入れる。

❹ シナモンスティックとアルコールを入れる。

❺ 5日間漬ける。

❻ 鍋にワインと砂糖を入れる。

❼ 木べらでかき混ぜながら、10分間弱火で煮詰めてシロップにし、火を止めて冷やす。

❽ このシロップを❺に加える。シナモンスティックは取り出す。

❾ 瓶に詰め替え、20日間寝かせる。

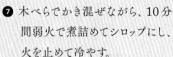

La parenthèse enchantée
閑話休題

アンズの学名 Prunus armeniaca は「アルメニアのプラム」の意ですが、これはひっかけ。アンズはアルメニア原産でもなければ、プラムでもありません。長いこと「アルメニアのリンゴ」とも呼ばれてきたアンズですが、西暦初期の医学者ガレノスはこのオレンジ色の果物を桃に分類しました。

Nature à la source
リフレッシュ

この飲み物は、戸外の、緑をはわせた屋根の下で飲みたいもの。太陽のような色合いのみずみずしいアンズの食感を楽しんで。ビタミンをたっぷりと含んでいるので、顔色を明るくしてくれるでしょう。

SE METTRE AU VERT
草原でひと休み

　赤ブドウも白ブドウも、ワイン醸造用に栽培されている品種のひとつです。多くの野生種のブドウが生息しており、外見はどれも似たり寄ったりですが、用途は同じではありません。なかには食用でないものも。一般にブドウと呼ばれるものには、オオカミのブドウことバーンベリー（Actaea spicata L.）、アルプスのクマのブドウことウラシマツツジ（Arctostaphylos alpinus L.）、クマのブドウことクマコケモモ（Arctostaphylos uva-ursi）、犬のブドウことヨウシュイボタ（Ligustrum vulgare L.）、エリカのブドウ、森のブドウと呼ばれブルーベリーと非常に似たセイヨウスノキ（Vaccinium myrtillus L.）、マルスのブドウことフサスグリ（Ribes rubrum L.）、キツネのブドウことツクバネソウ（Paris quadrifolia L.）、海のブドウことフタマタマオウ（Ephedra distachya L.）など多種多様な植物が含まれます。

Secrets de sorcière
魔女の秘密

スプーン：アンズを裏ごしするときには、木のスプーンを使って、果肉を無駄にしないようにします。
植物：ディオスコレア・コムニス（Dioscorea communis）は悪魔のブドウとか殴られた女性の薬草と呼ばれますが、ブドウ畑に生えるブドウとは別物です。

Important !
重要！

グラスに注ぐ前によく瓶を振って、
底に沈んだ果肉を
全体に行き渡らせましょう。

Gratin de figues et tomates
イチジクとトマトのグラタン

太りすぎを防ぐには?

魔法の効果

口内炎、歯肉炎など口内トラブルにはイチジクが効きます。古代の人々はイチジクを煮て、化膿した部分に湿布していました。食物繊維が豊富なため、腸の働きを促す上、果肉に含まれるペクチンがコレステロールを抑える働きも。このレシピは脂肪分が低いので、ダイエット中も安心して食べられます。

材料 (4人分)	作り方

材料 (4人分)

生イチジク　12個

トマト　1kg

オリーブオイル　大さじ1

砂糖　大さじ1

タイム　1枝

レモン汁

フルール・ド・セル、こしょう

所要時間

準備：20分

調理：40分

計：1時間

作り方

❶ オーブンを200度に予熱する。

❷ イチジクとトマトを輪切りにする。

❸ グラタン皿に交互に重ね、オリーブオイルを上からかけて、砂糖を散らし、オーブンで40分加熱する。

❹ 細かくちぎったタイム、レモン汁、フルール・ド・セル、こしょうを上から散らす。

ダイエットしたほうがいいかしら……

La parenthèse enchantée
閑話休題

ヴェルサイユ宮廷ではイチジクが大人気でした。農学者ジャン・ド・ラ・カンティニーは宮殿のテラスやオランジュリー（柑橘類の庭園）用に、丘に囲まれて風から守られた庭でイチジクを栽培していました。ルイ14世はイチジクが大好物で、じつに700本近くが鉢栽培され、秋には室内に取り込まれました。19世紀前半、パリ郊外のアルジャントゥイユで栽培されたイチジクは大変な人気で、集中栽培されていました（1株あたり400個）。

Cornues & alambics
霊験あらたかな液体

イチジクのワインを作るには、1リットルのロゼワインにブランデー250cc、砂糖250g、イチジクの葉100gを加え、30日間漬けておきます。その後葉を取り出してから濾し、さらに30日間寝かせると、イチジクとトマトのグラタンにぴったりの飲み物のできあがりです。

SE METTRE AU VERT
草原でひと休み

イチジク（*Ficus carica*）はクワ科の植物で、西南アジアや地中海周辺の落葉樹林や古壁伝いに生えています。雌オオカミに育てられたと言われるローマ建国の父、双子のレムスとロムルスは、イチジクの木陰で乳を飲んでいたとか。

Secrets de sorcière
魔女の秘密

肉：このレシピはリブステーキやラムの肩肉のつけ合わせに理想的。
咳：その昔、ドライイチジクは皮膚を柔らかくし、咳を和らげるとされ、民間療法では喉の痛みや咳の治療に使われていました。
天国：古代エジプトでは、イチジクは天国の果実と考えられていました。

Important !
重要！

イチジクの実は枝先になり、熟すに従って紫色に変わります。ぽってりとした花托〔花柄の先端〕には、小さな種がたくさん詰まっています。

Sauce à la fleur de menthe
ミントフラワーのソース

花のように涼し気に！

魔法の効果

　ミントの使い方は多種多様。ミントリキュールを角砂糖に含ませて服用すれば、口臭や歯痛を和らげてくれます。ミントティーは胆汁の分泌を促進し、殺菌効果があり、胃の痛みや吐き気に効きます。香草としても活躍し、料理に心地よく爽やかな風味を添えます。ミントフラワーのソースなら、食後も花のように涼し気にしていられるでしょう。

材料（4人分）

ペパーミントの花　20g

ペパーミントの葉　10–15枚

ワインビネガー　小さじ2

砂糖　30g

ブイヨン　200cc

レモン汁　1個分

塩、こしょう

所要時間

準備：5分

調理：15分

計：20分

作り方

❶ ミントの花と葉を洗う。

❷ 鍋にビネガーを入れ、弱火で温める。

❸ 砂糖、ブイヨン、レモン汁、ミントの葉、塩、こしょうを加えて、3分の2になるまで煮詰める。

❹ 花を加える。

❺ 気泡が立ってきたら火から降ろし、冷ます。

La parenthèse enchantée
閑話休題

　何千年も昔から、ユダヤ人やアラブ人はミントを使いこなしてきました。ミントにはいろいろな種類がありますが、イギリスで人気なのはペパーミントで、ラム肉とペパーミントソースの組み合わせが定番です。

Cornues & alambics
霊験あらたかな液体

　モロッコ風ミントティーとミントフラワーのソースは抜群の相性。ただし2杯以上は飲まないほうが無難でしょう。眠れなくなってしまうからです。ミントには興奮作用や催淫作用があるとか……。

SE METTRE AU VERT
草原でひと休み

　ペパーミント（*Mentha piperita*）は4月から11月にかけて収穫できます。ウォーターミントとスペアミントの交配から生まれ、まっすぐな茎は80cmにも伸びます。葉は尖っていてギザギザ。花はピンク色です。庭で栽培され、心地よくて強い香りを漂わせます。殺虫作用があるため、イガ類や蚊も寄ってきません。

何だか花のように
軽やかな気分！

Secrets de sorcière
魔女の秘密

冷製：とても爽やかなこのソースは、冷製肉や魚をぐんと引き立てます。
ブイヨン：肉ベースのブイヨンか魚ベースのブイヨンかは、料理に応じて選びましょう。
漬け込み：ミントの葉をフルーティーなオリーブオイルに1か月間漬けておくと、個性豊かな風味に。サラダのドレッシングに使ったり（数滴で充分）、肉を焼く前に塗ったりといろいろな使い方ができます。

Important !
重要！

ミントは1年中楽しめます。
シソ科の植物で、とても繁殖力が高いので、
鉢でも充分栽培可能。
小さな種がたくさん詰まっています。

第 3 章

La chance, quelle revanche !

チャンスを生かして成功を！

De l'argent sur-le-champ! Abracadabra!

今すぐお金を！アブラカダブラ！

彼を幻惑して、リッチになる

気苦労にさようなら。倹約時代は終わり。
お金があり余るほど入ってくれば、財布のひもも緩められて、彼も目を丸くするはず。

✢ Le Grand Jeu ✢
ポイント

このおまじないは野心的。金欠を脱して、リッチな生活への階段を駆け上るのです。彼は玉の輿狙い、なんていう言葉には耳を貸さないこと！

Paroles de grimoire
魔女のつぶやき

Nunc veni　お金が雨のように
Pecuniae pluvia　降ってくる瞬間が
Cadit mei　やってきた
Periere diebus hunc　心配が尽きなかった時期にも
tormentorum　白髪になりそうな気苦労にも
Et capillorum albabum　別れを告げ
Satanas, Satanas　サタン、サタン（2度唱える）
Aboule argentum mei　私にお金をちょうだい
Ibidem!　今すぐに！
Satanas, Satanas　サタン、サタン（2度唱える）

Atmosphère, atmosphère !
演出

新月直後の月はシルバーのように青白く輝いていて、まわりの風景も青白く、すべてがシルバートーンに染まります。星のように銀色に輝くあなたを目にした彼は、とてもリッチな気分になるでしょう。もうお金に苦労したくない気持ちが、2人をさらに近づけてくれるかも。

Faire un vœu
呪文

今すぐお金を！

魔女語：
Aboulas argentus, Demone Fortunae !（3度唱える）
普通語：富の悪魔よ、お金をちょうだい！（2度唱える）

L'envol
ひとひねり

富の宮殿の入り口に立つあなたは、すでに宝を手にしたも同然。あなたの計算通り、お金の楽しみを知ってしまった彼は戸惑いを隠しきれません。

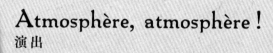

La science infuse
ふまじないのツボ

❖ **材料**：銀色の緑茶。この中国の緑茶は、銀色に輝く芽と繊細な香りで、珍重されています。知る人ぞ知る名品で、彼と飲むのにぴったりのおしゃれなお茶です。

❖ **効果**：月がシルバーのように輝く青白い夜や満月の夜に緑茶を飲んで、千年前の宋王朝に想いを馳せましょう。当時、白毫銀針と呼ばれるホワイトティーは、満月の夜に収穫され、皇帝だけがその収穫に立ち会えたという話も。

❖ **魔女の疑問**：「銀のスプーンをくわえて生まれる」とは裕福な家に生まれること。彼を夢中にさせるには銀のスプーンが必要なのかしら、それともないほうがいいのかしら？

ラッキーチャーム
素材：銀
惑星：水星
曜日：水曜日
カラー：シルバー、シルバーホワイト、緑青、淡いシルバー、濃いシルバー
ツール：シルバーのティーポット
ポイント：現実主義、自信、確信
効果：富、余裕、贅沢

Per Satanas
サタンからのアドバイス

お金は考えの浅い軽薄な人とは縁遠いもの。このおまじないでも、集中力を持続させることがポイントです。数学が得意でなくてもいいのです。ただ現実的になって、思慮深く計算する習慣を身につけましょう。魔力と呪文が運命や金運を刺激し、あなたの味方になってチャンスを算段してくれるでしょう。そうなれば富は思いのままです。

Secrets de sorcière
魔女の秘密

名前：金運に縁のある名前といえば「エーデルワイス」。高山植物で、「銀の星」とも呼ばれる花です。

Délires et atmosphères
小物をきかせて

カギとなるのはシルバーを基調にした植物。
クマの耳ことラムズイヤー（*Stachys lanata*）、銀色の葉が気高く輝くシロタエギク（*Senecio cineraria*）、
光沢のあるシルバーの葉がみっしりと茂るアサギリソウ（*Artemisia schmidtiana*）、
柔らかな葉のブッドレア ‘シルバーアニバーサリー’（*Buddleia 'Silver Anniversary'*）、
白銀色の毛に覆われたシルバーセージ（*Salvia argentea*）などで、
庭やベランダを美しく彩りましょう。

✳

おまじないの当日には、これらの植物の葉を飾るか、
シルバーか錫（すず）の花瓶に生けます。

✳

クリスチャン・ディオールの香水「ボア・ダルジャン」
（「銀の樹」の意）をまといましょう。

✳

愛する人のことだけを考えて。
彼のおかげで金運がさらにアップするかも。

Jeter un sort! Abracadabra!
おまじないをかける！ アブラカダブラ！

❉ 呪文を暗記して、丁寧に発音します。
❉ きらきらとしたシルバーの服をまとい、ベルトにシルバーの小袋を下げ、
　 シルバーのヒールの靴を履きます。
❉ 輝く彼の目から視線をそらさないで。
❉ シルバーのメダルの上に指を置き、まわりをなぞります。
❉ 魔女語で3度、普通語で2度、呪文を唱えます。
❉ 幸運を固く信じます。
❉ 魔女のつぶやきをささやきます。
❉ 次に目覚めたときには、銀行口座のお金が増えているかも。
❉ 彼がまじめな面持ちで「結婚しよう」と口にしても、夢ではありません。
❉ 彼は「ぼくのものはすべて君のもの」とつぶやくかも。

Le tour est joué
仕上げ

お金には匂いはありませんが、香水「ボア・ダルジャン」ならあなたのたくらみを隠してくれるでしょう。鋭敏な嗅覚の持ち主でなくとも、この香水を嗅げばたちまちにしてとりこに。イエメン産のフランキンセンス、トスカーナ産のアイリス、ホワイトムスクが配合され、陶然とするような香りです。肌にまとう感覚と、包み込むような独特の残り香は、親密でくつろいだ雰囲気を演出します。トップノートで漂うイエメン産フランキンセンスの香りに、彼は紅海を旅しているような気持ちになるはず。ミドルノートのトスカーナ産アイリスは、恋人たちの都フィレンツェへといざないます。新婚旅行にフィレンツェを訪ねたら、25年後の銀婚式には大金持ちになっているかも……。

眩惑された彼は
戸惑うばかり
彼は私に夢中
私はリッチに
アブラカダブラ!

Le fin mot de l'histoire
魔女の独り言

「今すぐお金を!」なんてありえないと思っていませんか。でもドイツの歌手イヴァン・レブロフも「ぼくがお金持ちなら、ラ・ラ・ラ……」と歌っているように、そんな願いも夢ではないのです。

TENTATION
おいしい誘惑

マンディアンのケーキ [p190参照] を用意し、シルバーのティーポットに銀色に光るお茶をセットします。ティータイムの間は、お金の心配は横に置いておいて。彼もこのケーキを食べればあなたの思惑に気がつくかも。お茶はお金への欲望をほのめかしてくれるでしょう。繊細な銀色の産毛に包まれた薄緑色の長細い芽を丁寧に摘み取って作ったこのお茶は、とても高価な飲み物で、そこはかとなくお金の匂いが漂ってきそう。魔法を操って富を手に入れましょう!

Bouillon de culture...
de sorcière
魔女の教養

あなたはキリギリス？ それともアリ？ アリとキリギリスの寓話
（17世紀フランスの作家ラ・フォンテーヌのお話では、セミとアリ）には、
人間とお金の関係が描かれています。湯水のように使い果たすか、堅実に貯めるか。
金が誕生した昔から、クロイソス〔p86参照〕のような大金持ちもいれば、
一文無しもいますが、恋心は誰にも共通する宝物なのです。

Le goût de l'Histoire
歴史はお好き？

- 銀食器の起源は紀元前6世紀にまでさかのぼります。銀食器とは銀製の食器（カトラリー、皿、杯など）や燭台、調味料用小瓶、シュガーポットなどの食卓まわりの用品を指します。銀食器製造には彫金、装飾などさまざまな技術が応用されます。一家にとっては、臨時出費の際に売り払うことのできる大切な元手であり、資産でもありました。

   17世紀から18世紀にかけては戦争が頻発し、フランス国王ルイ14世、ルイ15世は銀食器を溶かして戦費に充てるようにとのおふれを出しました。ヴェルサイユ宮殿にあった銀製の食器や家具も同じ運命をたどり、1789年にフランス革命が勃発すると、ルイ16世も銀食器を造幣局に供与せざるをえませんでした。

- 長い間、銀は道具類、インゴット、宝飾品に仕立てられ、商売の支払い手段として用いられてきました。現在知られている形の通貨は、リュディア王国時代にさかのぼります。リュディア王国〔現在のトルコのリュディア地方〕では、紀元前610年から560年にかけて、金と銀の合金で作られた最古の硬貨が流通しました。

Signature
小道具

シルバーのティーポット：ティーポットには鋳物、テラコッタ、ガラス、陶磁器、ステンレスとさまざまな材質があります。シルバー（あるいはゴールド）のティーポットで湯を沸かすと、とても繊細な気泡ができ、すばらしい味わいのお茶が楽しめます。

LA CIGALE ET LA FOURMI
Vous chantiez ?... j'en suis fort aise
Eh bien !... dansez maintenant.

Littérature et culture
文学と文化

- 『三文オペラ』はドイツの劇作家ベルトルト・ブレヒト (1898–1956年) の戯曲で、イングランドの劇作家ジョン・ゲイの『乞食オペラ』を下敷きにしています。デンマークに亡命したブレヒトはこの作品で、ナチス体制下のドイツの政治状況を念頭に、斬新な思考を表現したのです。

- ラ・フォンテーヌの『セミとアリ』はよく知られた作品で、人間とお金の関係を巧みに描いています。人によってお金との関係は千差万別。夏の間中、金遣いの荒いセミは歌い、働き者の賢いアリはせっせと働きました。夏が過ぎるとセミは「動物の名誉にかけて、利子も元金も払うから」とアリに泣きつきますが、悲しいことにアリは気前のいい性格ではありませんでした。

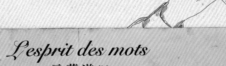

L'esprit des mots
言葉遊び

フランス語で「〜を計算に入れない」とは、相手を無視する、存在に気がつかないふりをすることを意味します。

✠

紙幣製造とは紙幣を印刷するための機械的印刷処理で、中国の元朝 (1271–1368年) で発明されました。その後、中央銀行などの中央組織の裁量に基づく信用貨幣全般の製造を指すようになり、現在では紙をベースとしない仮想通貨やデジタル通貨もこれに含まれます。

✠

フランス語で紙幣は「ビエ」。けれども甘いを意味する「ドゥ」をつけて「ビエ・ドゥ」と言えば、甘い紙幣、ではなく恋文を意味します。

Qui veut gagner des millions ?
Abracadabra !
目指すは億万長者？ アブラカダブラ！

運とはお金！

クロイソス〔p86参照〕のような巨万を手にできたら、もうあくせくする必要はありません。日々の気苦労や面倒にさようならを告げて、あり余るほどのお金を手に入れるには？ そして意中の人を思いのままに操るにはどうすればいいのでしょう。

✦ Le Grand Jeu ✦
ポイント

今回のおまじないの中心はお金。それもうなるほどのお金！時には毛一本ほどのささやかな差がすべてを決めます。きらきらと金のように輝く髪が効果をさらに高めて、幸運を運んでくれるでしょう。輝く髪は金脈にも等しいのです。

Paroles de grimoire
魔女のつぶやき

ウアーデ デ レトロ
Vade de retro　後ろへ、後ろへ
ミセラ ミセラエ
Misera miserae　貧困は後ろへ
ペル サタナス ガレラム
Per Satanas galeram !　苦労は地獄へ
オプレンティッシマ
Opulentissima　魔法のおかげで
スム
Sum　私は
マジカ アジス
Magica agis　この世で一番のお金持ち
メ ミロンナレア
Me millonnarea　私は百万長者
ムルティミリオンネラ
Multimillionnera　大金持ち
スペロ ミリアルデラ
Spero milliardera　いつかは億万長者
ペル サタナス ミセラム
Per Satanas miseram !　貧困は地獄へ！

FAIRE UN VŒU
呪文

億万長者になる

魔女語：Vivat Fortuna, et semper exit misera !（3度唱える）

普通語：金運万歳、貧困よ、永遠に去れ！
（2度唱える）

Atmosphère, atmosphère !
演出

4月初旬、キンポウゲやイワナズナなどを赤く染めるほどほどの明るさの月夜に、悪魔の力を借りましょう。億万長者の道は黄金の道。四つ葉のクローバーが手に入れば、さらに金運が強まります。

L'envol
ひとひねり

百万、一億、十億……。この世の富はあなたのもの。しかもゴールデンボーイまで手に入れられれば、最強の運の持ち主！

La science infuse
おまじないのツボ

✤ **材料**：キンポウゲ、キンバイソウ、カモミールなど黄色い花を摘んだらすぐに鍋に入れ、朝から晩まで弱火で煮ます。この黄色い液体を銅のピッチャーに注ぎ、少しの間寝かせておきます。

✤ **効果**：これをお風呂で使いましょう。黄色い液体が体全体を包み、エキゾティックな雰囲気を添えてくれるはず。ゴールドの気高い雰囲気をまとって！

✤ **魔女の疑問**：ゴールドがふさわしいのは、ゴールドのような輝きを放つ女性だけなのかしら？

ラッキーチャーム

素材：金、銀
惑星：水星
曜日：水曜日
カラー：緑青、イエローグレー、銅色
ツール：大鍋
ポイント：チャンス、力、コントロール
効果：心地よさ、のんき、幸福感

Secrets de sorcière
魔女の秘密

名前：金運を思わせる「フォルチュネ」なら、金運に恵まれること間違いなし。

Per Satanas
サタンからのアドバイス

このおまじないには計算力と判断力が不可欠。自分に必要なものを把握しきれていなければ、願いをかなえることなどできません。ラッキーナンバー7は重要。おまじないの7日前から、毎日1グラムずつサフランを摂取しましょう。サフランは世界有数の高価なスパイスで、「紅色の金」とも呼ばれています。

Délires et atmosphères
小物をきかせて

マーガレット、ヒマワリ、ハイキンポウゲ、キンポウゲ、イワナズナ（*Alyssum saxatile*）、
カロライナジャスミン、ビデンス・フェルリフォリア（*Bidens ferulifolia*）など、
庭にゴールドの植物を植えましょう。ビデンス・フェルリフォリアは黄色い菊で、
庭で抜群の存在感を放ちます。ゴールドに輝く庭は、さながらゴールドラッシュ！

おまじないの当日には、これらの花や葉を飾ったり、銅製の花瓶に活けたりしましょう。
家の雰囲気が一瞬で華やかになります。

前夜と当日は、レモンウォーターを飲みます。

金運を手にするには、あなたの大切な彼が重要な役割を
演じることもあります。文字通り金のような希少な存在です。

Jeter un sort! Abracadabra!
おまじないをかける！ アブラカダブラ！

❊ 呪文を暗記して、丁寧に発音します。
❊ 髪の毛はあくまで金貨のような輝きを放ち、カールしていること。
❊ 首には琥珀のペンダントを。
❊ ベルトには黄色い硬貨と紙幣1枚の入ったゴールドのお財布
　 をさげます。
❊ 彼の目がゴールドのようにきらきらと輝くまで、じっと見つめます。
❊ 「輝くものがすべて金とは限らない」〔「人や物は見かけによらな
　 い」の意〕のことわざはとりあえず忘れましょう。
❊ 魔女語で3度、普通語で2度、呪文を唱えます。
❊ 幸運をもたらす琥珀に指を触れます。
❊ 魔女のつぶやきをささやきます。
❊ お財布から紙幣だけを取り出します。
❊ 彼は目を丸くするでしょう。
❊ 幸運をもたらすこの紙幣に息を吹きかけてしわをのばし、平らにします。
❊ 彼は思わず「君はこの世のすべてのゴールドに勝る」とつぶやくはず。

LE TOUR EST JOUÉ
仕上げ

人の宿命を司る運命の輪とは、夢でも幻でもなく、実際に回り続けています。イライラとして愚痴を言っても始まりません。いつの日にか、運命の輪があなたのために動きを止めることもあるかもしれません。

セレブな生活、名声、富を手に入れたいなら、何をすべきかは明らか。偶然を信じて思い切って冒険しなければ、何も始まりません。ローマ神話に登場する、運命を司るフォルトゥナは偶然の女神でした。このおまじないの雰囲気は、悪魔に魅入られたように燃えるあなたの激しさにかかっています。激しさこそが富のチャンスをもたらしてくれるのです。魔法を使うなんて反則？ いえいえ、魔法は想像力のなせるわざ。お金があるって最高！

運 とはふ金のこと
月の下で歌いましょう
瀝青の花のために
そしてふ金を集めましょう
ふ金、ふ金、ふ金

Le fin mot de l'histoire
魔女の独り言

『クイズ＄ミリオネア』〔イギリス版原題『億万長者になりたい人』〕は有名なTV番組。フランスでも放送されて、多くの人に夢を与えてきました。フランス版では20年の間ジャン＝ピエール・フーコーが司会を務め、現在ではカミーユ・コンバルに代替わりしました。最後に必ず誰かが勝つというのが、この番組のポイントです。

TENTATION
おいしい誘惑

オウシュウヨモギ（*Artemisia vulgaris*）のハーブティーと、お気に入りのお店のミルフィーユを準備しておきましょう。ハーブティーには、細かく刻んだヨモギ大さじ1を3分間熱湯に浸します。この組み合わせのカギとなるのが数字。お金に関する魔法にはとくに効き目を発揮します。オウシュウヨモギはフランス語では「100の味を持つハーブ」と呼ばれますし、ミルフィーユは「1000枚の葉」の意。なんだか1000枚ものお札の匂いが漂ってきそうです。数学のカンを働かせて！

Bouillon de culture... de sorcière
魔女の教養

大金持ちだから必ずしも幸せ、というわけではありませんが、
お金も健康も、ないよりはあったほうがずっといいことは確かです。
古代のクロイソスは莫大な富の象徴。一方、17世紀フランスの戯曲家モリエールは、
『守銭奴』でアルパゴンという名のけちな人物を描きました。

Le goût de l'Histoire
歴史はお好き？

- クロイソスは富の象徴。フランス語で「クロイソスのようなお金持ち」という言い回しがあるほど
  です。パクトロス川の砂金のおかげで財を成し、リュディア王として即位すると、中央アジア沿
  岸のいくつものギリシャ都市を征服し、紀元前561年から547年まで国を治めました。金運に
  は恵まれましたが、幸福は長くは続かず、息子アテュスは狩りの最中に事故死します。世界の
  七不思議のひとつに数えられるエフェソスのアルテミス神殿は、クロイソスに手によるものです。
- ルイ金貨：この金貨の起源は、フランスおよびナバラ王だったルイ13世（1601–43年）にまでさ
  かのぼります。当時はフラン銀貨とエキュ金貨しかありませんでしたが、1640年に国王が貨幣
  システムの改革に乗り出し、新たな金貨を鋳造させて、自らの名前をつけたのです。しかしそ
  のルイ金貨も、18世紀のフランス革命で廃止されました。

Signature
小道具

大きな銅鍋：魔女が飲み物や食べ物を煮るときに使う鍋です。銅は保温性に優れ、熱伝導率は 380 ワット毎メートル毎ケルビン（W/mK）です。つまりポリウレタンの 1 万倍もの熱伝導率があるのです。アンティークショップでも銅鍋は人気アイテムです。

Littérature et culture
文学と文化

　5 幕からなるモリエールの散文作品『守銭奴』には、こんな有名なセリフがあります。「金、金、金、ああ！ 口を開けば金のことばかり！ いつも金のことばかり話している！」。ジャン・ヴィラール、ルイ・ド・フュネスなど多くのフランスの名優が主人公アルパゴンの役を演じてきましたが、初演で主役を演じたのは、モリエール本人でした。

L'esprit des mots
言葉遊び

「金で縫い合わされる」：大金持ち。

✜

「金で包む」：相手に惜しみなく高価なものを与える。フランスの歌手ジャック・ブレルの『行かないで』という曲の、「ぼくは死んでもなお、地を掘り続けよう、君の体を金と光で包むために」の一節を思い浮かべる人も多いのでは。

✜

「テューヌを持つ」とはお金を持っていること。フランス語では、お金を指すときには「アルジャン」という単語を使うことが多いのですが、「テューヌ」は俗語です。これは昔からある言葉で、すでに 1628 年には確認されており、「施し物」を意味していました。当時のパリには、3 万人もの自称物乞いがいたのです。彼らのリーダー的人物は「テューヌの王さま」と呼ばれていました。19 世紀初頭には、「テューヌ」は 5 フラン硬貨を意味するようになり、現在では「テューヌではじけた」という言い回しは、「大金持ち」を指します。

Bouillon aux fleurs de camomille
カモミールフラワーのスープ

いい夢を見るには？

魔法の効果

ひと口にカモミールと言っても、ジャーマンカモミール（*Matricaria chamomilla*）とローマンカモミール（*Chamaemelum nobile*）は別物です。ローマンカモミールはより苦みが強いのですが、効用はほとんど変わりません。カモミールは神経過敏や睡眠障害に効くとされ、中でもこのカモミールフラワーのスープには、カモミールフラワーのハーブティーがぴったりです。カップに熱湯を入れ、カモミールの花大さじ1を入れて、10分間待ちます。寝る前に飲めば、悪夢を退けるとか。カモミールの花の力を借りて、いい夢を見ましょう。

材料 (2人分)

カモミールの花　20g
ニンジン　3本
タマネギ　1個
セロリ　1本
あら塩

所要時間

準備：5分
調理：30分
寝かし：30分
計：1時間5分

作り方

❶ 摘んできたカモミールの花を洗う。
❷ 野菜の皮をむき、小さく切る。1リットルの水を沸騰させ、塩を入れ、30分間野菜を煮る。
❸ 30分間休ませる。
❹ 野菜を取り出す。
❺ 飲む前に温め直す。
❻ カモミールの花を添えてサービスする。

La parenthèse enchantée
閑話休題

　古代エジプトでは、カモミールは太陽神ラーにさ
さげられていました。スペインではシェリー酒の香り
づけに使われます。さまざまな地域で、白・赤ワイン
に漬けられることが多く、太陽の香りをもたらします。

Cornues & alambics
霊験あらたかな液体

カモミールワインは食前に楽しむお酒。
眠りを助けるハーブティーとは違って、ワ
インとして飲むと、活力を与えてくれます。
おいしい白ワインにカモミールの花50g、
オレンジピール（無農薬栽培のものを選ん
で）大さじ1、ブラウンシュガー80gを加
え、10日間寝かせておけば、カモミール
ワインのできあがりです。

SE METTRE AU VERT
草原でひと休み

　ジャーマンカモミールは標高1000メートル以下
の草原や、日当たりのよい土地に生息しています。
フランス北西部のアンジューでは薬用に栽培され
ています。カモミールの葉はとても香り高く、細かく
分かれています。黄色と白の花は夏に咲き、茎は
30cmに達します。フランスギク（*Leucanthemum
vulgare*）に似ていますが、特徴的な姿なので、間
違えることはないでしょう。

よいしょ、っと。
おやすみ！

Secrets de sorcière
魔女の秘密

果物：このスープにはリンゴを加えても。
ニンジンと相性がよく、カモミールの風味
にもぴったりです。
太陽：カモミールは白い光に包まれた月
のような姿。6月から9月にかけて、朝日
が差す時間帯、朝露が消えたらすぐに
摘みましょう。
香り：ミツバチはカモミールが苦手。カモ
ミールハチミツがないのもうなずけます。

Important !
重要！

乾燥カモミールは、ハーブティーや
お肌の手入れなど、いろいろな使い方があります。
ただし、乾燥方法を間違うと黒っぽくなり、
効用もなくなるので要注意。
花を摘んだらすぐに、風通しがよく、涼しくて
太陽光の差さない場所で乾燥させましょう。

Vinaigre aillé
ガーリックビネガー

邪悪な霊を寄せつけないためには？

魔法の効果

　ニンニクガラシは道端に生え、十字の形をした白い小花を咲かせます。見分け方は簡単。葉をこするとニンニクの匂いがするのです。ニンニクは悪さをする霊を遠ざけると言われているので、これはうれしい偶然です。古代ギリシャの戦士たちは災難を避けるため、小さな袋にニンニクを入れて持ち歩いていましたし、エストニアではニンニク入りのお守りを赤ちゃんの枕の下に置いて、悪魔や魔女を寄せつけないようにします。その昔、スウェーデンの若い娘たちは、嫉妬深い妖精が寄ってこないように、服の下にニンニクを忍ばせていました。ガーリックビネガーもきっと、悪さをする霊を遠ざけてくれるでしょう。

材料（10人分）

ニンニクガラシの葉　1つかみ
ワインビネガー　1リットル

所要時間

準備：5分
寝かし：3週間

作り方

❶ ニンニクガラシを細かく刻む。
❷ これをワインボトルに入れ、ワインビネガーを注ぐ。
❸ 窓辺に置く。
❹ 3週間経ったら濾す。
❺ 小瓶に詰め替える。

Passer à table
どうぞ、召し上がれ！

ビネガーの入った小瓶は、テーブルにちょっとしたミステリーを添えます。というのも、女性のこまごまとしたものと同じく、小瓶は中に何が入っているのだろうと、興味をそそるからです。ガーリックビネガーと知ったら、誰もが目を丸くするでしょう。

Alimenter la conversation
魔女の余談

ニンニクは薬効の高い植物としてとても重宝されています。中央アジアの草原地帯原産で、中国では長いこと降圧効果があることで知られていました。インドではおなかが痛いときにニンニクを食べ、ユダヤ人は虫下しとして、あるいは憂鬱な気分のときに摂取します。コプトと呼ばれるエジプトの土着キリスト教徒は頭痛薬として用い、ヨーロッパでは血の巡りをよくすると言われています。

Important !
重要！

質のいいワインビネガーを
使いましょう。

Vinaigre aillé

Secrets de sorcière
魔女の秘密

ニンニクガラシ（*Alliaria petiolata*）：湿気を完全にとって、清潔な状態で使います。

バリエーション：葉は生でサラダにしても。花はレタスの上から散らすと映えます。実はピリッと辛いスパイスになり、細かくすりつぶしてマスタードに使います。

太陽：ガーリックビネガーは太陽光で熟成させます。毎日少しずつ角度をずらして、まんべんなく光に当てるようにしましょう。

Pâtes à la marjolaine
マジョラムのパスタ

あらゆることで勝利をおさめるには?

魔法の効果

生パスタは炭水化物に富んでいてエネルギー源になるため、スポーツ
選手は積極的に摂取します。マジョラムなど消化作用や抗痙攣作用のあ
る新鮮なハーブと一緒に料理すれば、エネルギーを得られるだけでなく
消化も良く、リウマチにも効く万能薬的な一品ができあがります。

材料 (4人分)

生パスタ　400g

マジョラム　5本

パセリ　5本

フェンネル　5本

オリーブオイル　大さじ3

レモン汁　1個分

あら塩

所要時間

準備：10分

漬け込み：2時間

調理：5分

計：2時間15分

作り方

❶ ハーブ類を冷水で洗う。

❷ マジョラムの葉を刻んで、2時間オリーブオイルとレ
モン汁に漬ける。

❸ パセリとフェンネルを2本ずつ飾り用に取っておき、
残りの葉を刻む

❹ 沸騰した湯に塩を入れ、パスタをアルデンテにゆで
る（約4分）。

❺ 湯を切り、冷ましたら❷と混ぜる。

❻ 刻んだパセリとフェンネルを加えて混ぜる。

❼ とっておいたパセリとフェンネルをブーケにして飾る。

一等賞！

La parenthèse enchantée
閑話休題

『マルジョレーヌ、君はなんてきれいなんだ！』
はフランスの歌手フランシス・ルマルクの歌で、
やはりフランスの歌手ダリダがカバーしました〔マ
ルジョレーヌはフランス語で女性の名前と同時にマジョラ
ムを指す〕。「マルジョレーヌ、ぼくは兵隊だった。
でも今日、ぼくは君のもとに戻る」。蝶のように移
り気な人も、いつかは愛する人のもとに戻ります。
昆虫のマダラガもマジョラムの蜜が大好物です。

Cornues & alambics
霊験あらたかな液体

　興奮や筋肉の緊張を和らげたいとき
には、フラワーセラピーがおすすめ。マ
ジョラムのパスタには、タンポポ、アルニ
カ、ナシの花のエッセンスから作った妙
薬が相性抜群。ただしアルニカ・モンタ
ナは保護種なので、採取はできません。
薬局でエッセンスを買いましょう。

Se mettre au vert
草原でひと休み

　マジョラムとはどんな植物なのでしょう。じつはオレガノ。
マジョラムとオレガノは仲間なのです。オレガノの語源は、
「山の美女」を意味するギリシャ語ですが、マジョラムは中
東原産で、フランスには16世紀に持ち込まれました。シソ
科で、いくつかの種があり、オレガノ（*Origanum vulgare*）
は茎が高く、赤っぽい色をしています。日の差す森、川辺、
乾燥した草原に生え、ピンク色の花を咲かせます。一方、
栽培されているマジョラム（*Origanum majorana*）は高さ
50cmほどで、白い花を咲かせます。

Secrets de sorcière
魔女の秘密

収穫：7月から9月にかけて、マジョラム
のつぼみが開く頃に摘みます。
背の高い植物：マジョラムは膝丈ほど
に成長するので、見分けやすいでしょう。
保存：マジョラムは生でも、または吊るし
て乾燥させた状態でも使えます。

Important !
重要！

マジョラムには強壮作用、健胃作用、
回復作用がありますが、
同時に生理のトラブルや
女性の過度の性欲を抑え、
解毒作用もあります。

Pain de trèfle des prés
ムラサキツメクサのパン

美しい肌を保つには？

魔法の効果

クローバー〔ツメクサ〕の中でも、ムラサキツメクサ（*Trifolium pratense*）とシロツメクサ（*Trifolium repens*）は最も広く分布しています。マメ科の植物であるクローバーには60以上もの種があり、いずれも食べることができます。葉にはプロテインが豊富に含まれており、昔から（とくに花に）咳と痰を和らげる効果があるとして使われてきました。また吹き出物や乾癬〔自己免疫疾患で、慢性的な皮膚角化などの症状が出る〕などの肌トラブルにも用いられます。幸運を運んでくれるクローバーは、肌の強力な味方でもあるのです。

材料（8人分）

乾燥させたムラサキツメクサの葉
　20枚ほど

小麦粉　500g

塩　5g

食用重曹　大さじ半分

発酵乳（フィールミョルク〔スウェーデンの
　伝統的な発酵乳〕）　300cc

オーブンプレート用のバター　1かけ

所要時間

準備：25分

調理：20分

計：45分

作り方

❶ ムラサキツメクサの葉を細かく砕き、小麦粉と混ぜる。

❷ ①、塩、重曹をふるいにかけながらボウルに入れる。

❸ 真ん中をくぼませて、発酵乳を入れる。

❹ 3-4分こねて丸くまとめてから、バターを塗ったオーブンプレートに広げて成型する。

❺ 中央に十字の切り込みを入れ、240度に予熱したオーブンで20分間焼く。

肌を何とかしたい……

La parenthèse enchantée
閑話休題

ムラサキツメクサの葉は天気を教えてくれます。天気が下り坂のときにはピンと立ち、嵐が近づくとしんなり折り曲がるのです。風の強いアイルランドのシンボルはシャムロック〔三つ葉のクローバー〕です。

SE METTRE AU VERT
草原でひと休み

ムラサキツメクサの特徴は3つの小葉で、属名シャジクソウのラテン語名 Trifolium も「3枚の葉」を意味しています。4枚の場合もあり、これが幸運をもたらす四つ葉のクローバーです。葉は楕円形もあれば長細いものもあり、花はたいてい小球の形をしています。たくさんの小花は洋紅色かベージュに近い色で、ときどき黄色味のあるものや白いものもあります。クローバーは草原に生息し、4月から10月にかけて開花します。

Cornues & alambics
霊験あらたかな液体

イチゴミルク（またはほかのフレーバーミルク）はいかが？ このパンもほのかにミルクの風味がします。ミルクとムラサキツメクサは肌の心強い味方。ミルクのような美しい肌を目指しましょう。

Secrets de sorcière
魔女の秘密

小葉：葉柄〔茎と葉の間の部分〕は残して、葉の部分だけを摘めば、その後の準備も楽になります。

味わい：葉は生でサラダにしても、ほうれん草のように加熱しても。

果汁：ムラサキツメクサの花は甘い味わいで、小さな子どもはこの花を吸うのが大好き。

十字：アイルランドの伝統では、オーブンに入れる前にパンに十字の切り込みを入れます。

牛乳：発酵乳はオーガニックショップやダイエット食品店で販売されています。

Important !
重要 !

乾燥したムラサキツメクサは、摘んでから18か月以内に使い切りましょう。

Pain aux graines de nigelle
ニゲラシードのパン

最悪の展開を避けるには?

魔法の効果

ニゲラはクミンやフェンネルと並び、おなかが張ったときによく使われます。脂肪酸や精油も含まれ、北アフリカではさまざまな痛みにニゲラオイルが活躍します。抗がん効果もあるとされるニゲラは、最悪を回避してくれる魔法の植物なのです。

材料（6人分）

ライ麦粉　60g

小麦粉　500g

イースト菌　5.5g

カソナード砂糖　50g

ニゲラシード（挽いたもの）　40g

オートミール　40g

フラックスシード　40g

容器用バター　25g

塩

所要時間

準備：40分

調理：50分

発酵：1時間半

計：3時間

作り方

❶ ボウルにぬるま湯150ccを注ぎ、ライ麦粉、小麦粉60g、イースト菌を溶かす。

❷ 湿らせた布巾をかぶせ、暖かいところ（25度）で1時間半発酵させる。

❸ 発酵が終わったら、残りの小麦粉を台の上に置く。中央に窪みを作って、ぬるま湯200ccを注いでから、発酵した生地を加える。

❹ 指先を使ってこねる。

❺ カソナード砂糖と塩1つまみを加え、さらに5分こねる。

❻ シリアル類（ニゲラシード、オートミール、フラックスシード）各20gを加え、さらに5分こねる。

❼ バターを塗った容器に生地を置き、上から残りのシリアル類を散らす。

❽ 230度に予熱したのオーブンで15分、200度に下げて35分焼く。

❾ 網の上で冷ます。

La parenthèse enchantée
閑話休題

ニゲラの種は小さくて真っ黒。ニゲラは、「黒髪、黒褐色の肌」を意味します。小ぶりだと思って気を許していると、じつはダークな面を持った植物なのです。

Cornues & alambics
霊験あらたかな液体

ニゲラシードのパンは朝食に理想的。パンに入っているいろいろなシリアルが、1日の始まりに必要なエネルギーを与えてくれます。カフェオレと一緒にどうぞ。牛乳はカルシウム豊富で、コーヒーには抗酸化作用があるので、体調を整えてくれます。

SE METTRE AU VERT
草原でひと休み

ニオイクロタネソウすなわちニゲラ（*Nigella sativa*）は西アジア原産で、ヨーロッパ、とくに南欧で広く栽培されています。ニゲラ・ダマスケナ（*Nigella damascena*）は石の多いところや草原に自生しています。葉は毛のようで、5月から7月にかけて開花します。

どすこい！

Secrets de sorcière
魔女の秘密

シード：ニゲラシードは手軽に使えますが、シード以外の部分には強い毒性があるので、要注意です。
ニゲリン：ニゲラに含まれるニゲリンは苦みを持った成分で、抗痙攣作用があり、おなかの張りや痛みを予防してくれます。

Important !
重要！

パン作りでは冷ます時間も重要です。温かいうちに切ると、ぽろぽろと細かくなって形が崩れてしまいます。

Cardamome et pomme-orange en compote
カルダモン入りアップル & オレンジのコンポート

強烈な快楽を実現するには?

魔法の効果

種がたくさんあるフルーツの例にもれず、オレンジも豊穣のシンボルです。リンゴにも種があり、英知、セクシュアリティ、誘惑を象徴しています。スイーツをピリッと引き締め、味を引き立たせるカルダモンは、味覚を楽しませてくれるスパイス。強烈な快楽を約束してくれるデザートのレシピをご紹介しましょう。

材料 (6人分)

カルダモン　2個

オレンジ　1個

リンゴ　1kg

バター　1かけ

シナモンスティック　1本

クローブ　1個

レーズン　40g

所要時間

準備：20分

調理：15分

計：35分

作り方

❶ カルダモンの殻から種子を取り出す。

❷ オレンジの皮をむき、4等分する。

❸ リンゴの皮をむき、小さい角切りにする。

❹ フライパンでバターを温め、4分かけてシナモン、クローブ、カルダモンの種子をいる。

❺ オレンジ、リンゴ、レーズンを加える。

❻ ふたをして、かき混ぜながら弱火で15分間煮る。

Mille et une histoires
豆知識

種が入ったリンゴの芯は五芒星の形をしていて、霊的人間を象徴しています。それゆえリンゴは知恵と自由の実なのですが、同時に悪をも表しています。というのもリンゴの内に秘められた五芒星は、肉欲による精神の退化のシンボルでもあるからです。つまり、肉なしに知性はあり得ないのです。

Charmes et nature
魅惑の植物

どの種類のオレンジにも心皮あるいは房が10個前後あります。ミカン科のオレンジ（*Citrus sinensis*）は高温地域で栽培されており、その昔、ザボン（*Citrus maxima*）とマンダリンオレンジ（*Citrus reticulata*）の交配から生まれました。

AU PAYS DES MERVEILLES
不思議な食べ物

カルダモン（*Elettaria cardamomum*）はショウガ科のスパイスで、東洋ではコーヒーの香りづけに使われます。コーヒー1杯に対し、カルダモンの種子1個を挽いた粉を加えます。紅茶の場合は、混ぜる直前に殻を割って種子を取り出します。アジアでは何百年も昔から料理に使われており、中国では漢方薬としても用いられます。

Secrets de sorcière
魔女の秘密

揮発：カルダモンの精油はとても揮発性が高いため、長期保存向きではありません。
アロマ：カルダモンは8か月でアロマ成分の3分の1が失われ、2年で無臭になります。
セッティング：このデザートにはレトロなコンポート用のお皿が合います。甘くてとろりとした食感は、おばあちゃんが作ってくれたコンポートや子ども時代を思い出させてくれるでしょう。

Important !
重要！

スリランカのセイロンシナモンは風味が高く、最高級のシナモンです。

Liqueur d'orange
オレンジリキュール

彼は未来の結婚相手?

魔法の効果

　砂糖は魔法の食材。味を引き立てるだけでなく、未来を教えてくれるのですから。結婚相手(少なくとも彼のイニシャル)を知る方法は簡単。コップ1杯の水に角砂糖を1つ入れ、アルファベットを順に唱えます。砂糖が溶け切ったところで口にしていたアルファベットが、彼のイニシャルです。もちろん、溶け切るまでは何度もアルファベットを唱えられるので、Aになる確率もDやTやYになる確率も同じです。

材料　750cc分

無農薬栽培のオレンジ　6個
氷砂糖　1kg
ブランデー　500cc

所要時間

準備:20分
調理:15分
熟成:3週間
計:3週間

作り方

❶ 鍋に水750ccと氷砂糖を入れ、沸騰したら弱火で15分間加熱する。

❷ オレンジをしっかり洗い、水気を切る。白い部分が出ないように気をつけながら、オレンジの皮をおろし、その後果汁を絞る。

❸ ①の鍋に果汁を濾して入れる。

❹ このオレンジシロップを、洗浄してしっかり水気を切った瓶に入れ、皮とブランデーを加える。

❺ ふたをして、最低3週間寝かせる。

私の彼に
手を出さないで!

Passer à table
どうぞ、召し上がれ！

このリキュールはあくまでもアルコールなので、オレンジジュースと間違えないように！ 食後酒にぴったりで、時間が経つのも忘れてしまうでしょう。

Alimenter la conversation
魔女の余談

砂糖の原料となるサトウキビ（*Saccharum officinarum*）は世界全体で年間13億トン生産されていますが、もはや自生していません。もともとニューギニア島原産で、紀元前6世紀頃にペルシャに持ち込まれました。その後、栽培や他の野生種との交配が進み、現在では世界中の熱帯地域や温暖な地域で栽培されています。

Secrets de sorcière
魔女の秘密

結晶：氷砂糖は濃縮糖液がゆっくりと結晶したもので、カラメル化したブラウンの氷砂糖もあります。製造工程では、亜麻や木綿の糸を張った容器の中で12日間冷却させます。

氷砂糖：ブラウンの氷砂糖は、フルーツをブランデーやリキュール、食前酒に漬けるときに重宝されます。氷砂糖は時間をかけてゆっくりと溶け、フルーツとアルコールがしっかりと混ざります。

Important !
重要！

リキュールは光を避けて保管しましょう。

第 4 章

Une santé de fer,
la belle affaire !
鉄壁の健康を！

Avoir une pêche d'enfer!
Abracadabra!
悪魔も寄せつけないほど元気！アブラカダブラ！

体を張って人生に挑戦する

ばい菌とはさようなら！バテているときに元気を取り戻すには、
生活を一新するのが一番です。困難続きでも負けたりしません。
疲れを吹き飛ばすには、「一新」がキーワードです。

⚜ Le Grand Jeu ⚜
ポイント

ばい菌と戦うこのおまじないはどこ
か、アカデミック。小さな赤い本〔p108
参照〕を手作りして、元気を取り戻しま
しょう。彼も巻き込めば、2人で元気に
なれること間違いなし。

FAIRE UN VŒU
呪文

悪魔も寄せつけないほど元気！
魔女語：Exit corpus meo, cretinus
minusculus microbus！（3度唱える）

普通語：いまいましいばい菌、
この体から出ていけ！（2度唱える）

Paroles de grimoire
魔女のつぶやき

Quae forcam in me　力よ、この体に宿れ
Per Satanas！　サタンよ！
Exit fatigata！　疲れよ、去れ！
In via　さあ、
　Haro-microbus　ばい菌
　Occido-virus et　ウイルス、寄生虫
Anti-nebula　不機嫌ガスよ、去れ
Pelis novam facio　私は新しく生まれ変わり
Pella persica　桃のような肌と
Et moralis ferro　鉄のような意志を手に入れよう
O Satanas, o Satanas　おお、サタンよ、おお、サタンよ！
Sit vis meiscum！　私に息を吹きかけて！

L'envol
ひとひねり

無気力にはピリオドを打って、力を
取り戻しましょう。熱冷ましの薬草こ
とワイルドアンジェリカの赤いドリンク
で乾杯すれば、彼の頬も炎の色に
染まるでしょう。

Atmosphère, atmosphère！
演出

赤は欲望の色。空が赤く染まり夜が近づくと、熱が
高まります。小さな赤い本に記してある薬草を使ったレ
シピなら効果大。地獄のように猛烈なパワーを手に入
れれば、悪魔も寄せつけない元気が戻るでしょう。ほら、
欲望というウイルスに感染した彼は、すっかり身動きが
できなくなっているみたい。

La science infuse
ふまじないのツボ

✤ **材料**：厚い白紙を綴じた古い本。表紙はあくまで赤く。火星、ポピー、炎を思わせる赤があなたの頬を照らします。

✤ **効果**：薬草や花を摘み、それらの名前を記します。ヤコブの杖ことアスフォデル・ルテア (*Asphodeline lutea*)、タチアオイ (*Althaea rosea*)、キダチトウガラシ (*Capsicum frutescens*)、カルダモン (*Elettaria cardamomum*)、ワイルドアンジェリカ、セイヨウダイコンソウ (*Geum urbanum*) など、どれも体力回復と力をもたらしてくれます。

✤ **魔女の疑問**：あなたが健康なのは、自然のもたらす薬のおかげだけなのかしら？

ラッキーチャーム

素材：鉄、鋼
惑星：火星
曜日：火曜日
カラー：炎のような赤
ツール：小さな赤い本
ポイント：円熟、粘り強さ、自制
効果：力、気力、勝利

Secrets de sorcière
魔女の秘密

名前：ピンクと赤の中間の色を指す「ロジーヌ」という名と、鉄のように固い意志があれば、このおまじないはさらなる効果を発揮するでしょう。

Per Satanas
サタンからのアドバイス

このおまじないでは、各薬草を小さな赤い本に記録するため、準備に時間がかかります。薬草を摘んだら乾燥させ、本に貼りつけるか、デッサンします。それぞれの薬草の効用を暗記して、病気に対応しましょう。

Délires et atmosphères
小物をきかせて

庭を赤く染めましょう。アネモネ、アマリリス、ベゴニア、
コスモス、ポピー、ゼラニウム。赤い花はよりどりみどり。
アジア原産でユリ科のチューリップは、
プランターでも地植えでも安定した植物で、茎と葉が枯れても、
球根は再生します。何という力強さでしょう！

おまじないの日には、赤い花束を黒い錫（すず）の花瓶に
生けましょう。19世紀フランスの作家スタンダールの
小説のタイトルにもなった「赤と黒」は
インパクト大の組み合わせです。

熱があるときや喉が渇いたときには、
ザクロのシロップの水割りが効きます。

周到に準備して、大好きな彼の頬を赤く染めましょう。

Jeter un sort! Abracadabra!
おまじないをかける！ アブラカダブラ！

- 呪文を暗記して、丁寧に発音します。
- 赤いドレスに身を包み、小さな赤い本を持って彼の前に姿を現します。髪はあくまでも黒く。
- ルビーの指輪をはめます。ルビーはフェイクでも本物でも。
- 彼から目をそらさずに。赤い唇を強調して。
- 新たな力が湧いてくるのを感じましょう。
- 魔女語で3度、普通語で2度、呪文を唱えます。
- 小さな赤い本を開き、心臓に当てます。
- 暗記しておいたお気に入りの赤い花の効用を唱えます。
- 赤い本のページに3度息を吹きかけます。
- 小さな赤い本を彼に見せます。彼は触れるのをためらって、目だけで本を追いかけます。
- 彼が手を差し伸べれば、あなたの熱は下がります。
- 力、心の高まり、生きる気力が戻ってきて、エネルギーが満ちます。
- あなたは元気を取り戻し、彼の頬にも赤みが差します。
- 「彼の魅力に振り回されている」なんていう口さがない人の言葉には取り合わないこと。

LE TOUR EST JOUÉ
仕上げ

疲れたままでは人生を楽しめません。無気力に陥ると憂鬱な気分に襲われ、投げやりになって、何もかもが悪い方へと向かってしまいます。何もしたくないなんて、人生の楽しみが半減するも同然。でも身近にある自然が、奥の手を教えてくれます。その効果は絶大。疲れぎみの時には、効果抜群の赤い花を咲かせる薬草に助けを借りましょう。薬草の本は、貴重な秘密の宝庫。肌のトラブルに悩まされているならタチアオイ、筋肉痛にはキダチトウガラシ、おなかの張りにはカルダモン、熱が出たときにはワイルドアンジェリカに頼ってみて。

私に必要なものは
全て庭にそろっている
血のように赤い花は
元気を与えてくれる
体を張って人生に挑戦する

Le fin mot de l'histoire
魔女の独り言

フランス語ではとても元気な状態を、「地獄のように猛烈に元気」と言い、どこか悪魔的。一方、美しい肌のことは「桃のような血色」と言いますが、桃を指す「ペッシュ」という単語は、罪を意味する「ペッシュ」を連想させます。リンゴと同じように、桃も誘惑の果実なのかもしれません。

TENTATION
おいしい誘惑

万能薬とも呼ばれるセイヨウカノコソウ (*Valeriana officinalis*) のハーブティーと、スプーンですくって食べる魔法使いのハーブのジャムを用意しましょう。セイヨウカノコソウ50gを15分間熱湯で煮ると、ハーブティーのできあがりです。ジャムはもう少し手間がかかります。クマツヅラの花4つ、白桃1.5kg、レモン汁1個分、砂糖800gを用意します。花を洗ってから、1カップの熱湯で10分間煮ます。白桃の皮をむき、いくつかに切り分けて、レモン汁をかけます。砂糖に煮出した汁を加え、弱火にかけます。沸騰したら10分間加熱して、桃を加えて沸騰させ、あくを取って容器に入れます。残ったシロップを2分間加熱してから容器に入れ、すぐにふたをします。セイヨウカノコソウのハーブティーは、気分の落ち込み、めまい、喘息などいろいろなトラブルに効く万能薬と言われています。クマツヅラは強心作用があるとされ、これで作ったジャムならたちまち元気にしてくれるでしょう。

Bouillon de culture...
de sorcière
魔女の教養

「炎をはじけさせる」は「元気いっぱい」の意。風の流れに乗った、
利発な魔女にはぴったりの表現です。モリエールの作品『病は気から』では、
主人公アルガンが自分が病気だと思い込んで、次から次へとお医者さまを呼びますが、
お医者さまも魔女も自分の医術を恥じて頬を染めることなどありません。
頬を染める、と言えば、赤は熱そして結婚を表す色でもあります。

Mythes et légendes
神話と伝説

聖書では、赤は血と結びついた色です。これには
人間の堕落が関係しています。『ヨハネの黙示録』
17章3節には「御使は、わたしを御霊に感じたまま、
荒野へ連れて行った。わたしは、そこでひとりの女が
赤い獣に乗っているのを見た。その獣は神を汚すか
ずかずの名でおおわれ、また、それに七つの頭と十
の角とがあった。この女は紫と赤の衣をまとい、金と
宝石と真珠とで身を飾り（後略）」と書かれています。

L'esprit des mots
言葉遊び

「桃を持つ」：元気はつらつ。

✤

「桃の肌を持つ」：柔らかな肌、
ふんわりとした生地。

✤

「ペショ」：「ショペ（盗む、捕まえる）」の逆さ言葉で、
人を思い通りに操る、誘惑する、の意。

✤

「炎をはじけさせる」：元気いっぱい。

✤

「赤を見る」：腹を立てる。

✤

「赤の中にいる」：赤字、金欠。

Signature
小道具

小さな赤い本とは魔女の本。赤い表
紙の毛沢東の『毛主席語録』とは何の
関係もありません。あくまで空想の本です
が、使い込まれていて、手書きで注釈が
書き込まれており、朝露を
含んだ薬草のシミがあちこ
ちについています。表紙は
赤い色で、赤い花を咲か
せる薬草が貼りつけられ
ています。

Littérature et culture
文学と文化

- 『ブラジルの赤』は、2001年にフランスの文学賞ゴンクール賞を受賞したジャン＝クリストフ・リュファンの歴史小説。題名は、赤い染料がとれるブラジルの森をヒントにしています。

- 絵画の中の赤：1873年に描かれたモネの『ひなげし』はとても有名な作品。ポール・ゴーギャンも赤を愛し、1891年には『メランコリー』を制作しました。マティスも20世紀初めの1908年に『赤のハーモニー』を描きました。

- 中世まで、花嫁は結婚式で赤い服を着る習慣がありました。

- 1673年に上演された『病は気から』はモリエールの遺作です。アルガンはとても元気なのですが、自分が病気だと信じている心気症。すぐにパニックになり、あちらが痛い、こちらが痛いと言い、薬が充分に効いていないと思い込んでいます。当時の医学といえば、瀉血と浣腸が中心で、医師ピュルゴンも浣腸を処方しました。アルガンは嫌がるのですが、そうこうしているうちに消化遅延になって、消化不良、赤痢、過水症に進み、ついには死んでしまうかもしれません。誰にすがったらいいのかわからず、途方に暮れるアルガンは「ああ神よ！ 私は終わりだ」と嘆きますが、娘のアンジェリックを医師ディアフォワリュスの息子トーマと結婚させればいいのだと思いつきます。確かに、娘をお医者様と結婚させれば、いつでも治療してもらえそうです。

Avoir une force d'Hercule! Abracadabra!
ヘラクレスのような力を！アブラカダブラ！

あり余るほどのエネルギーと、サラマンダーの血を！

衰弱や疲労とはさようなら。
無気力や虚弱は悪魔のもとへ！
超人的な力が、怠惰を追い払ってくれるでしょう。
魔法のおかげで、山を動かすほどの力が湧いてきて、
オリンピック選手のように頑強になれます。

✢ Le Grand Jeu ✢
ポイント

このおまじないはスポーツ系。筋肉痛などものともせずに、力を取り戻し、月桂冠をかぶってアクティブに進むこと。彼も強いあなたに惹かれるはず。

Faire un vœu
呪文

ヘラクレスのような力を！
魔女語：Ut vis esse mecum,（ウトウィスエッセメクム）
universum mihi erat!（ウニウェルスムミエラト）（3回唱える）

普通語：力が私と共にあるように、宇宙が私と共にあるように！（2度唱える）

Atmosphère, atmosphère!
演出

青緑色のロングスリーブワンピースを選んで。春のファッションテーマは、常緑樹クスノキの丈夫な葉。クスノキの葉は月桂樹に似ています。葉で冠を作ったり、精油で髪を整えたりといくつもの用途がある月桂樹ですが、勝利の象徴でもあり、神話の神アポロンや矢で遊ぶキューピッドにまつわる神がかった植物です。

Paroles de grimoire
魔女のつぶやき

Per Satanas（ペルサタナス）　サタンよ
In turre furca（イントゥッレフルカ）　熊手をひと振りして
Destructe mollassam（デストルクテモラッサム）　怠惰をやっつけろ
In corpus mei（インコルプスメイ）　私の体の中の
Brisa negris ideas（ブリサネグリスイデアス）　この頭に巣食う
Quae ravagunt cervellam（クアエラウァグントチェルウェラム）　暗い考えの息の根を止めて
Destructe infirmatatem（デストルクティインフィルマタテム）　弱さを退散させてちょうだい
Momento temporis（モメントテンポリス）　手をひと振りして
Posuit meis pedibus（ポスイトメイスペディブス）　私を回復させ
Dona me viribem Herculei（ドナメウィリベムエルクレイ）　ヘラクレスの力を与えておくれ

L'envol
ひとひねり

へとへとに疲れた？そんな時こそ困難に立ち向かって、宇宙の力を吸い込みましょう。一番の力になってくれるのは、何といっても愛です。

La science infuse
おまじないのツボ

✤ **材料**：キョウチクトウや月桂樹を使った手作りの
冠。朝のうちに高台で月桂樹の葉をたっぷりと摘
み、朝露に湿ったまま放置します。乾いたら編んで、
頭の大きさに合った冠を作りましょう。

✤ **効果**：月桂樹（*Laurus nobilis*）はアポロンのローリ
エとも呼ばれ、勝者のシンボルです。あなたもか
ぶってみませんか？

✤ **魔女の疑問**：アポロンのローリエを本当にかぶる
必要はある？ あなたがヘラクレスにも負けない強
さを持っていることは明らかなのに……。

Laurineae.

Cinnamomum Camphora: F. Nees et Eberm.

ラッキーチャーム

素材：鉄、鋼
惑星：火星
曜日：火曜日
カラー：炎のような赤、洋紅
ツール：月桂冠
ポイント：粘り強さ、持久力、勇気
効果：エネルギー、活力、晴れやかさ

Secrets de sorcière
魔女の秘密

名前：月桂樹（ローリエ）と似た響きを持つ
名前「ローラ」には、体の不調を
克服する力が備わっています。

Per Satanas
サタンからのアドバイス

このおまじないでは、疲れて弱気になっているところ
に、神話の神ヘラクレスのような力をつけねばならな
いのですから、相当な意志が必要とされます。た
だしクスノキ（*Cinnamomum camphora*）の香りと、
月桂樹のシンボルが調和すれば、勝利へと導
いてくれるでしょう。魔法の力は偉大！

Délires et atmosphères
小物をきかせて

庭にキヅタ、月桂樹、クスノキを植えましょう。

月桂樹（*Laurus nobilis*）は8〜10mの高さに達し、

濃い緑色の葉と黄色がかった白い花が美しいたたずまい。

花は葉腋〔葉と茎のまたになった部分〕のところでまとまって咲き、

精油には、筋肉痛を和らげる効果があります。

月桂樹から力をもらいましょう！

✽

スポーツをした日には、クスノキから作られる樟脳を

あちこちに置いて、空気を浄めましょう。

✽

彼もスポーティーなら、クスノキが回復を早めてくれるでしょう。

筋肉疲労のマッサージにも、クスノキの精油が使われます。

2人でエネルギーをチャージして！

Jeter un sort! Abracadabra!
ふまじないをかける！アブラカダブラ！

✽┼ 呪文を暗記して、丁寧に発音します。

✽┼ クスノキのような青緑色のワンピースを着ます。

✽┼ エネルギーを表す赤のブレスレットをつけて。

✽┼ 月桂冠のように髪の毛を編みます。

✽┼ スポーティーな雰囲気、エネルギー、筋肉痛を連想させるクス
　　ノキの香りをまといましょう。

✽┼ 深緑色の月桂冠をかぶります。

✽┼ 力を込めて、炎のようなまなざしを彼に向けます。

✽┼ 魔女語で3度、普通語で2度、呪文を唱えます。

✽┼ 彼を観察してみて。気力が湧いてきているのがわかるはず。
　　あなたの体にも力が満ちてくるでしょう。

✽┼ 身を寄せ合うと、エネルギーが呼び合います。

✽┼ ヘラクレスのような力が湧いてきて、彼の欲望が高まります。

✽┼ 驚くほどの効果が発揮されて、彼は「君を強く強く愛している」
　　と口にするでしょう。

Le tour est joué
仕上げ

不調には行動あるのみ。うかうかしていると手遅れ
になってしまいます。行動に移せば、瞬く間に元気が出
てきて、新たにおまじないもかけられるというものです。
魂が抜けたような無気力な状態は、体や心に何か異
常が起こっている証拠。症状が進まないうちに、対策
が必要です。自然の中には、私たちに必要なすべての
ものがあります。ワイルドアンジェリカが熱冷ましの薬草
とも呼ばれているのは偶然ではありません。天使の
ハーブとか聖霊のハーブとも呼ばれており、天上では
特別な位置を占めています。その証拠に修道院では、
ベネディクティンやシャルトリューズといった香草系リ
キュールづくりにこのハーブが使われています。

あり余るほどのエネルギー
サラマンダーの血
私の庭には
月桂樹がある
編まれて頭にのせられ
ヘラクレスのような力が
効果を発揮する

Le fin mot de l'histoire
魔女の独り言

「ヘラクレスのように力持ち」とは敏捷で、立
ち直りが早く、自分の命は無限だと信じること。
勝者には未来が待っています。

TENTATION
おいしい誘惑

　刺繍をあしらったナプキンにクスノキの精油を1滴だけたらして、小さなテーブルに敷き、お盆と、
ワイルドアンジェリカのパンチを注いだグラスをセットします。ヒヤシンスのフランも用意しておきま
しょう。パンチの作り方をお教えしましょう。生アンジェリカの根30g、ケーンシュガー100g、ブラ
ンデー40cc、無農薬栽培のレモン1個を用意します。アンジェリカの根を薄く切り、水洗いします。
レモンの皮をむいて別にしておき、果汁を絞ります。鍋に1リットルの水、砂糖、アンジェリカを入れ、
沸騰させてふたをしたまま、弱火で15分間煮ます。その後火からおろしてブランデー、レモン汁、
レモンの皮を加えます。
　フランのレシピは普段使っているもので結構ですが、あらかじめヒヤシンスの花20個（茎と葉は
不要）を10分間、牛乳で煮出すのがポイントです。
　パンチをひと口飲めば、ヘラクレスの力が宿るのが感じられるでしょう。ワイルドアンジェリカは
現在でも熱冷ましの薬草と呼ばれ、精油は消化を助けます。胃が疲れきっているときの特効薬です。

Bouillon de culture...
de sorcière
魔女の教養

力や勝利を象徴するのは、
ヘラクレスだけではありません。
功績や成功のシンボルで、
アポロンの人生を左右し、なぐさめをもたらした
月桂樹も、勝利を表しています。

C. IVLIVS CÆSAR.

Littérature et culture
文学と文化

　ギリシャ神話やローマ帝国において、月桂冠は勝利のシンボルでした。戦争で勝利を収めた将軍にとって、月桂冠は大変な名誉だったのです。また詩人にとっては、成功の象徴でした。

L'esprit des mots
言葉遊び

「ヘラクレスのような力持ち」：超人的な力を備えている。

✳

「月桂樹の上で休む」：最初の成功で満足する。古代ギリシャでは、月桂樹は不滅の神アポロンにささげられていました。彼が収めた勝利は、英知と勇敢さに負っています。「月桂樹の上で休んではならない」と多分に否定形で使われますが、ひとつの成功や勝利に満足せず、努力を怠ってはならないとの意味が込められています。

「トルコ人のように頑強」：15世紀から伝わる言い回しです。1453年、オスマン帝国のメフメト2世がコンスタンティノープルを征服し、勢力を伸ばしました。ビザンツ帝国は消滅し、西ヨーロッパは脅威にさらされることになります。フランスの博物学者ビュフォンは『博物誌』の第1巻でトルコ人が頑健であることに触れて、「コンスタンティノープルの労働者や港の作業員は、900リーヴル〔約180kg〕もの荷物を運んでいた」と記しています。

✳

「強く強く」：現代フランスの歌手マルク・ラヴォワーヌの歌『彼女の瞳はリボルバー』の一節「強く強く愛している」の一節を連想させます。

Mythes et légendes
神話と伝説

　ヘラクレス（ギリシャ語でヘーラクレース）は
ローマ神話の英雄で、神ゼウスを父に、
ミュケナイの王女アルクメネを母に持つ半
神です。ゼウスはどのように人間の女性
を誘惑したのでしょう。アルクメネの夫ア
ンフィトリュオンに身を変えたのです。彼は
自分の偉業を継いでくれるような息子が
ほしかったのですが、妻ヘラは気も狂わ
んばかりに嫉妬しました。さらに神々の伝
言役であるヘルメスまで協力していること
が明らかに。ヘルメスは、ヘラが休息し

ているところにやって来て、乳飲み子だったヘラクレスに永遠の命を与えようと、ヘラの
乳を飲ませたのです。怒ったヘラは復讐を誓い、まだ8か月のヘラクレスのゆりかごに
毒蛇を2匹投げ込みましたが、赤ん坊は怖がりもせず、絞め殺しました。ヘラクレスは
伝説的な怪力の持ち主として、永遠に人々の記憶に刻まれています。神話では、達成
不可能な12の功業をヘラクレスが実現した話も語られています。

　アポロンの月桂樹の話は有名です。ある日アポロンは、妖精ダプネに心を奪われまし
た。しかしダプネはアポロンの愛を退けて、逃げてしまいます。追い詰められた彼女は
テッサリア地方を流れるピオニス川の神である父に頼み、月桂樹に身を変えてもらいま
した。出鼻をくじかれたアポロンは、「君を妻にできないのなら、せめてぼくの木にしよう」
とつぶやいたそうです。

Signature
小道具

月桂冠：月桂冠の作り方は簡単。リボン、接着
剤、ペンチ、金属製の輪、そしてたくさんの月
桂樹の葉を準備しましょう。頭にかぶらなくて
も、キッチンに飾っておけば、気軽に料理に
使えます。

Mousse d'oseille au coulis de carotte
スイバのムース、ニンジンソース添え

たちまちにして刺激を与えてくれる一品

魔法の効果

古代ギリシャやローマの人々は、ニンジンには高い効用がある
と珍重し、目によいと考えていました。カロテンやベータカロテン
を豊富に含むニンジンは、肌に艶を与えてくれます。ヘモグロビ
ンを増やすと言われるスイバ同様、ビタミンCもたっぷり。鞭で
打たれたようにシャンとなって、元気が出ること間違いなしです。

材料（6人分）

スイバの葉　40枚ほど

ジャガイモ　300g

ベシャメルソース：

バター　30g

小麦粉　30g

牛乳　200cc

卵　1個（卵黄と卵白を分ける）

ニンジンソース：

ニンジン　500g

野菜ベースのブイヨン　200cc

オレンジジュース　80cc

アサツキ　30–50本

塩、こしょう

所要時間

準備：35分

調理：1時間半

計：2時間5分

作り方

❶ ジャガイモの皮をむき、20分間ゆでる。

❷ スイバを洗い、熱湯で2分間ゆでて色を抜き、1人用
の焼き型6個に敷く。

❸ ジャガイモの湯を切り、マッシュポテトにする。

❹ ベシャメルソースを作る：鍋でバターを温め、小麦粉を
入れてよく混ぜ、弱火のまま少しずつ牛乳を加える。3
分間混ぜてもったりとさせ、火から外して、卵黄を加え、
塩とこしょうで味をととのえる。

❺ マッシュポテトとベシャメルソースを混ぜる。卵白を角が
立つまで泡立てて、これに混ぜ、焼き型につぎ分ける。

❻ 190度のオーブンで50分間湯煎にかけ、ムースにする。

❼ ニンジンの皮をむき、小さく切って、ブイヨンで15分間
煮る。

❽ ⑦をマッシュして、オレンジジュースを加え、塩とこしょう
で味をととのえる。アサツキ18本をとっておき、残りを刻
んでニンジンのマッシュに混ぜる。

❾ ⑥の焼き型を外し、皿にのせる。

❿ ⑧のニンジンソースと残りのアサツキをそれぞれに添え
て、熱いうちに召し上がれ。

La parenthèse enchantée
閑話休題

　たいていの葉物は若くて柔らかいうちに食べますが、スイバは成長して根元がしっかり赤くなってから摘みます。このほうが、味がくっきりしていて、美味です。

Cornues & alambics
霊験あらたかな液体

　香り高く甘みのある紅茶は、スイバの酸味を和らげます。インド産の紅茶はクリーム、コーヒー、チョコレートの香りが繊細に入り混じり、レモンの精油のような香りもほんのり感じられます。ケルトティーとも呼ばれるのは、ドルイドと呼ばれる古代ケルトの神官が飲んでいた聖なるお茶だったためです。

SE METTRE AU VERT
草原でひと休み

　スイバは草原で見つかります。雑草扱いされることもあり、あちこちに生えています。花も地味で一見目立たない植物ですが、実がなる頃には茎が1メートルにも達します。深紅に染まった草原は、すばらしい眺めです。

Important !
重要！

酸味：このレシピには金属製のキッチン用品は避けましょう。スイバに含まれるシュウ酸が金属に反応して、味を損なってしまいます。

防御あるのみ……

Secrets de sorcière
魔女の秘密

槍の穂先：スイバの花は赤く、葉は矢じり（槍の穂先）の形をしているので、すぐに見分けがつきます。

盛りつけ：ムースのまわりにニンジンソースを添え、アサツキを3本飾りましょう。

Soupe à la citrouille
カボチャのスープ

心配事にさようなら！

魔法の効果

カボチャにはベータカロテンが含まれており、抗酸化作用があるため、がんの予防に働きます。食物繊維が豊富なので、便秘にもおすすめの食材です。中国、華東師範大学の Tao Xia 氏が 2007 年 7 月に科学誌ジャーナル・オブ・ザ・サイエンス・オブ・フード・アンド・アグリカルチャーで発表した研究によれば、カボチャエキスの服用により、一部の 1 型糖尿病患者が毎日のインスリン注射を必要としなくなったそうです。どうやら、カボチャはいろいろな心配事を解決してくれそうです。カギとなるのはその配合でしょう。

材料（6人分）

カボチャ　1kg
ジャガイモ　250g
タマネギ　1個
油　大さじ2
カットベーコン　250g
固くなったパン　数切れ
塩、こしょう

所要時間

準備：30分
調理：1時間20分
計：1時間50分

作り方

❶ カボチャの皮をむき、種を取って、大きめに切る。

❷ ジャガイモの皮をむき、さいの目切りにする。

❸ タマネギの皮をむき、薄切りにして、油で炒める。

❹ タマネギが茶色くなってきたら、カボチャ、ジャガイモ、カットベーコン、水2.5リットルを入れ、塩、こしょうで味つけをし、弱火で1時間15分煮る。

❺ 食べる直前に、固くなったパンを加える。

La parenthèse enchantée
閑話休題

カボチャのスープを飲むと、不思議な考えが次から次に浮かんできます。昔の農民のように、パンの大きなかけらをひたしたスープは栄養満点で、ネガティブな考えも追い払ってくれるでしょう。または、カボチャが馬車に変わるおとぎ話を連想するかも。12時前には急いで帰らなきゃ。早くスープを飲んで！

SE METTRE AU VERT
草原でひと休み

カボチャはウリ科の1年生植物で、ヨーロッパではオレンジイエローの大ぶりなものが一般的です。中央アメリカ、メキシコ、南アメリカ原産で、フランスでは昔からトゥーレーヌカボチャ〔ペポカボチャに分類〕が栽培されてきました。イギリスでは毎年ハロウィンで、西洋カボチャ（Cucurbita maxima）が活躍します。

Secrets de sorcière
魔女の秘密

ビタミン：オレンジ色が濃ければ濃いほど、ビタミンAが多く含まれています。
秋冬：市場では9月から3月にかけて、カボチャが売られます。
調理：カボチャは火を通して、スープ、ソテー、マッシュ、グラタン、スフレ、デザートにして楽しめます。

Important !
重要！

コツと根気があれば、果肉をえぐり出して、皮をとっておきましょう。カボチャが余っても捨てずに、別の料理用にとっておきます。カボチャの馬車のように中を空にしてカボチャのスープを入れてみては？カボチャのように頭が空っぽなら、こんなすてきな盛りつけなど考えつかないはず。

Flan à la reine-des-prés
草原の女王のフラン

疲れに負けない体力をつける

魔法の効果

　草原の女王ことセイヨウナツユキソウは、かつてスピラエア・ウルマリアとも呼ばれていました。アスピリンの語源でもあります。というのもこの植物には、アスピリンの生みの親であるサリチル酸が含まれているのです。アスピリンと同じように、セイヨウナツユキソウも痛み、とくにリウマチで体がこわばったときの痛みを和らげてくれます。昔から解熱剤としても用いられ、子どもたちはミルクでセイヨウナツユキソウを煮出して飲みました。ただし、大人はハチミツ酒やビールで割るほうが好みだったようです。へとへとに疲れて起き上がれないときも、草原の女王のフランを食べれば元気がわいてくるでしょう。アクティブに過ごして！

材料 (3人分)

セイヨウナツユキソウ　80g

牛乳　500cc

ブラウンシュガー　50g

生クリーム　500g

所要時間

準備：10分

調理：35分

冷やす：15分

計：1時間

作り方

❶ セイヨウナツユキソウの茎を除く。

❷ 花を洗う。

❸ 鍋に牛乳と砂糖を入れる。

❹ 80度に温めて花を加え、火を消してふたをする。そのまま冷やし、生クリームを入れて、1分間泡立てる。

❺ ④を耐熱皿に入れ、180度のオーブンで25分間加熱する（できあがりはやわらかめ）。

だんな様がフランが
食べたいっていうの！

La parenthèse enchantée
閑話休題

セイヨウナツユキソウが好きなのは人間だけではありません。冬になると鳥たちが、傘型に密集する渦巻きのような形の種に群がります。

Cornues & alambics
霊験あらたかな液体

セイヨウナツユキソウのワインを作りましょう。1リットルのおいしい白ワインに、花50gとハチミツ大さじ2を加えて、3日間寝かせます。ミュスカワインのような味わいで、セイヨウナツユキソウのフランに合わせれば、とても優雅なスイーツタイムが楽しめます。

SE METTRE AU VERT
草原でひと休み

セイヨウナツユキソウ (*Filipendula ulmaria*) はアメリカ、アジア、ヨーロッパの湿原、森、溝に生息しています。バラ科の植物で、アーモンドを思わせる繊細で洗練された香り。赤っぽい茎は高さ1mに伸び、ギザギザの葉は表が深緑、裏が薄緑で、うっすらと毛が生え、日陰を好みます。6月から8月にかけて花を摘みましょう。

Secrets de sorcière
魔女の秘密

生クリーム：生クリームの代わりに卵2個を使うこともできます。しっかり泡立てましょう。

冷たいスイーツ：できあがったフランは、最低2時間冷蔵庫で冷やします。

Important !
重要！

セイヨウナツユキソウの取りすぎには要注意。サリチル酸を含んでいるため、口の中がヒリヒリしたり、胃が痛くなったりする場合があります。

121

Quiche aux orties de Jacquotte
ジャコットのイラクサのキッシュ

味方を作ろう

魔法の効果

　ジャコットは幼い頃の筆者のばあやです。その昔、チクチクするイラクサはリウマチや麻痺に効くと言われていました。伝統医学では、イラクサには多くの効用があり、消化、呼吸、循環、排尿、ホルモン系に高い効果を発揮すると考えられています。ビタミンAやCを豊富に含んでいるので、食材としても重宝されています。またタンパク質含有量が8%と、ほぼ大豆に並ぶ高タンパク食材でもあります。チクチクするのが玉に瑕ですが、健康の力強い味方なのです。

材料 (8人分)

イラクサ　500g
バター　20g
カットベーコン　250g
卵　3個
生クリーム　125g
パイ生地　1枚
塩、こしょう

所要時間

準備：20分
調理：50分
計：1時間10分

作り方

❶ イラクサを洗う。

❷ 鍋でバターを溶かし、イラクサを加えて弱火にし、10分間加熱する。

❸ 並行して、別の鍋でベーコンに弱火で火を通し、その後強火で炒める。

❹ ボウルで卵を溶き、生クリームを加えて、塩、こしょうで味をととのえる。

❺ タルト型にパイ生地を入れ、200度のオーブンで5分間焼く。

❻ ベーコンとイラクサをタルトに散らし、その上から④をかけて、35分間焼く。

La parenthèse enchantée
閑話休題

イラクサは荒れ地や休耕地ではおなじみの植物ですが、なかなか趣のあるたたずまいです。雄株の花は、まるで無数の紅色真珠のよう。葉はハート形。唯一興ざめなのは、チクチクとした毛です。

Cornues & alambics
霊験あらたかな液体

シードルはベーコンと相性がよく、イラクサの繊細な味わいを引き立てるでしょう。雑草呼ばわりされていたイラクサですが、現在では高級食材店でも瓶入りで売られており、都会人にも人気です。

SE METTRE AU VERT
草原でひと休み

イラクサ（*Urtica dioica*）はイラクサ科の植物で、畑、納屋の近く、動物の糞の混ざった肥沃な土地に生えています。葉の表皮に水膨れのような形の毛が生えていて、触るとチクチクします。この毛の先端が皮膚に入り込み、液体を放出して炎症を起こします。幸いなことに、毛を触ってしまっても、オオバコという心強い味方がいます。

痛い！

Secrets de sorcière
魔女の秘密

高さ：セイヨウイラクサの茎はまっすぐで、高さ1メートル以上のものも。とくに肥沃な土地に生えているものは、高く伸びる傾向にあります。ただし食用には、膝丈のイラクサだけを選びましょう。

チクチク：イラクサに触るとチクチクするのは、葉に生えている毛のせい。みっしりと生えた毛は、中が空洞で、すぐに折れてしまいます。これが刺さると毒液が放たれて、肌を強く刺激するのです。

繊維：イラクサは繊維質なため、織物に使われていました。イラクサを使った生地は、亜麻布よりも丈夫です。

イラクサ摘み：イラクサは6月前に摘みます。花は5月から9月にかけて咲きます。

Important !
重要！

イラクサは食べても無毒です。スープやサラダにしたり、ほうれん草のようにすりつぶしたり、パイやソースに入れたりして楽しんでください。

Farfalles à la dragonne
タラゴンのファルファッレ

痛みをやっつけろ！

魔法の効果

　タラゴンがヨーロッパで食用として使われ始めたのは、15世紀頃のことですが、すでに古代でもギリシャ人やローマ人は、歯が痛いときや蛇に噛まれたときにタラゴンを用い、アラブ人はペストやコレラに処方しました。筋肉の痙攣による痛みを和らげるとも言われ、イギリスなどでは糖尿病の治療にも用いられています。また不安や不眠症にも高い効果があるとか。香草の例にもれず、タラゴンもほんの少量で、セージ、タイム、マジョラムに劣らぬ抗酸化効果を発揮します。つらい痛みに悩む人には、頼りがいのあるハーブなのです。

材料（4人分）

ほうれん草入り生パスタ
　（ファルファッレ）　500g

タラゴン　1束

バター　50g

所要時間

準備：10分

調理：4分

計：14分

作り方

❶ 塩を入れてたっぷりの湯を沸かし、パスタを入れる。沸騰してから4分程度ゆでる。

❷ 湯を切って、冷めないようにしておく。

❸ 鍋でバターを溶かし、タラゴンをみじん切りにして加える。

❹ ③をソースポットに入れて、パスタと一緒にテーブルにセットする。

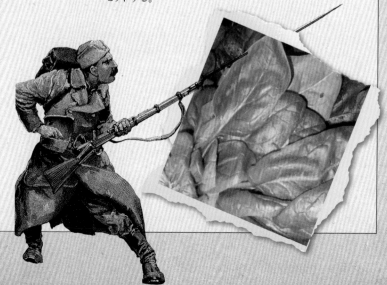

La parenthèse enchantée
閑話休題

　タラゴンは文学にも登場します。20世紀アイルランド戯曲家サミュエル・ベケットの『ゴドーを待ちながら』にも、エストラゴン〔タラゴンの別名〕という名の人物が出てきます。ヨモギ属にはニガヨモギ（*Artemisia absinthium*）や、オキナヨモギ（*Artemisia abrotanum*）など300ほどの種がありますが、フランスでもタラゴンにさまざまな通称があり、「えぐいヨモギ」とも呼ばれます。

Cornues & alambics
霊験あらたかな液体

　ほうれん草入りパスタは淡いグリーン、タラゴンは濃いグリーン。グリーンづくしのこのお料理に赤ワインを合わせれば、力強さや勇ましさを表現しつつ、ドラゴンの血の色を暗示します。タラゴンに豊富に含まれるビタミンKには血液凝固作用があり、不足すると出血が止まりにくくなります。

SE METTRE AU VERT
草原でひと休み

　タラゴン（*Artemisia dracunculus*）はキク科の草本植物で、葉は長細く、すべすべとしていて光沢があり、濃い緑色ですが、冬の間は枯れて姿を消します。中央ヨーロッパやロシア南部原産で、8月に緑がかかった黄色い花が咲きますが、繁殖力はありません。

Secrets de sorcière
魔女の秘密

風味：白インゲン豆や白身の魚や肉などのパンチに欠ける食材でも、タラゴンが風味を添えてくれます。

味わい：生タラゴンは乾燥タラゴンよりもずっと深い味わい。ただしロシアのタラゴンと呼ばれる種類は、やや弱い香りです。

名前：タラゴンには「ドラゴンヌ（雌ドラゴン）」などたくさんの通称があります。きっと、蛇のように根が絡まっている姿がその由来でしょう。

Important !
重要！

タラゴンはベアルネーズソース、ラヴィゴットソース、グリビッシュソース、タルタルソースなど、さまざまなソースに合います。

125

Salade d'herbe aux goutteux
痛風のハーブのサラダ

痛風を防ぐには?

魔法の効果

地中海盆地原産のセロリ (*Apium graveolens*) は、ミネラルや微量元素を豊富に含んでいて、「痛風のハーブ」と呼ばれるイワミツバのサラダにぴったりの食材。その昔、修道士たちはセロリを栽培していましたが、葉もゆでてポタージュやスープにし、何ひとつ無駄にせずに風味を楽しんでいました。

材料 (4人分)

イワミツバ　300g

セルリアック〔セロリの根〕　1個

リンゴ　2個

クルミ　50g

菜種油　大さじ3

バルサミコ酢　大さじ1

パンデピス〔フランスのスパイスケーキ〕入りマスタード　小さじ1

塩、こしょう

所要時間

準備：20分

作り方

❶ イワミツバを洗い、水を切る。葉をサラダボウルに入れる。

❷ セルリアックの皮をむき、小さなさいの目切りにして、サラダボウルに加える。

❸ リンゴの皮をむき、千切りにして、クルミと一緒にサラダボウルに加える。

❹ 食べる直前に、菜種油、バルサミコ酢、マスタード、塩、こしょうでドレッシングを作り、味つけをする。

KIRSKÅL, AEGOPODIUM PODAGRARIA L.

La parenthèse enchantée
閑話休題

セリ科のセルリアックはヨーロッパ外ではあまりなじみがありませんが、ドイツ、ベルギー、オランダ、フランスではとても人気の野菜。フランスは世界最大のセルリアック生産国です。

Cornues & alambics
霊験あらたかな液体

痛風やリウマチの人のためのこのサラダには、湧き水や水道水が一番。遊び心を持って、フランスの有名なワイン、シャトーヌフ・デュ・パプならぬ水道水はいかがでしょう。

SE METTRE AU VERT
草原でひと休み

痛風のハーブとも呼ばれるイワミツバ（*Aegopodium podagraria*）は、庭師にとっては悪夢のような植物。根にとても繁殖力があり、少しでも残すと、あっという間に我が物顔に広がってしまうのです。小さな3枚葉が密集して生え、茎の先端に咲く白い花は傘のよう。5月に入ると若葉が姿を見せます。

Secrets de sorcière
魔女の秘密

草原の女王：リウマチ痛緩和の効果を高めるなら、草原の女王ことセイヨウナツユキソウを加えてみては。

使い勝手：イワミツバは口当たりがよいため、スープ、サラダ、詰め物などいろいろなお料理に使えます。

美味：イワミツバは庭師にとっては頭痛の種ですが、グルメにとっては舌を楽しませてくれる嬉しい食材です。

茎：イワミツバは茎も黄色い葉も食べられ、セロリに似た味です。

Important !
重要！

このサラダにはマスタードが欠かせません。ドレッシングではなく、セロリと相性のよいレムラードソース〔香草、マスタードなどが入ったマヨネーズベースのソース〕で代用してもいいでしょう。

Salade d'herbe aux goutteux
ヨウシュイブキジャコウソウのニョッキ

ばい菌をやっつけろ！

魔法の効果

　花束によく使われるヨウシュイブキジャコウソウ (*Thymus serpyllum*) は、もともと伝染病の治療に使われていました。実際、この植物には殺菌効果の強いチモールが豊富に含まれています。古代ギリシャではタイムと混ぜて、寺院でお香として焚かれていました。お料理の香りづけにも使われ、消化器官をきれいにしてくれます。精油にもいろいろな効用があり、痰や痙攣を和らげ、抗ウイルスやけがの癒合に効果を発揮します。糖質豊富でエネルギーを与えてくれるパスタとあわせれば、ばい菌も一目散に逃げていくでしょう。

材料 (4人分)

ニョッキ　500g
調理済みチキン　200g
ニンニク　1かけ
ブラックオリーブ　50g
ヨウシュイブキジャコウソウ　2束
オリーブオイル　大さじ3

所要時間

準備：10分
調理：4分
計：14分

作り方

❶ ニョッキを4分間、アルデンテにゆでる。
❷ 湯を切って、冷ましておく。
❸ チキンは細かく切り、ニンニクはつぶし、ヨウシュイブキジャコウソウは細かく切る。ブラックオリーブと共に❷に加える。
❹ オリーブオイルを加えてあえる。
❺ 冷たくしてサービスする。

ばい菌をKO！

La parenthèse enchantée
閑話休題

ヨウシュイブキジャコウソウは匍匐性、つまり地面をはうようにして伸びるイブキジャコウソウ属です。フランス語ではセルポレと呼ばれますが、これはラテン語のセルペーレ（「はう」）を語源としています。フランス語の蛇<ruby>セルパン</ruby>も同じ語源です。

Cornues & alambics
霊験あらたかな液体

ヨウシュイブキジャコウソウのハーブティーには、消化を助け、口内を殺菌するという嬉しい効果があります。ローズマリーやセージを加えても。息が爽やかになるでしょう。

Se mettre au vert
草原でひと休み

ヨウシュイブキジャコウソウは乾燥した草原に生え、5月から9月にかけて開花します。背の低い植物で、西・南ヨーロッパに分布しています。葉も花もよい香りで、タイムよりも軽い匂いです。

フランス語の「ブーケ」には野ウサギの意も！

Secrets de sorcière
魔女の秘密

温かみ：ヨウシュイブキジャコウソウの香りは温かみとえぐみを兼ね備えています。ゆっくりと加熱して、こうした風味をしっかりと引き出しましょう。

タイム：ヨウシュイブキジャコウソウはイブキジャコウソウ属ですが、同じ属でも、ブーケガルニなどお料理に使われるタイム（*Thymus vulgaris*）は別の種です。タイムは地中海地域でやぶのように生い茂り、茎はまっすぐに伸びています。

オイル：オイル漬けのオリーブの実に、ヨウシュイブキジャコウソウの葉を少々と、花の先端、ニンニク少々を加えると、風味が引き立ちます。

ジャム：ラズベリージャムにヨウシュイブキジャコウソウを数本入れておくと、香りが引き立ちます。

Important !
重要！

ニンニクの匂いが気になるようなら、芽をしっかりと取り除きましょう。ニンニクは血流を促すので、食べない手はありません。

第 5 章

Du travail,
vaille que vaille !
仕事で輝く!

C'est qui le chef!
Abracadabra!
リーダーは誰? アブラカダブラ!

全員後ろに! 先頭は私!

無駄遣いや臨時出費にはうんざり!
スケジュール、おつき合い、お金の管理。
すべてを管理するのはあなた。でもよくよく見ると赤字だらけ。
何をどうしたらいいの? すべてはお金にかかっています。

✦ Le Grand Jeu ✦
ポイント

このおまじないは計算系。ぼうっとしていてはダメ。親しき中にも礼儀あり。トラブル、リップサービス、口約束は避けて、資産を守りましょう。

Faire un vœu
呪文

リーダーは誰?

魔女語:Negoti tounarent ignis dei!(3度唱える)
普通語:物事がうまくいきますように!(2度唱える)

Paroles de grimoire
魔女のつぶやき

Diabolo! 悪魔よ!
Date mihi ressortem 私に力を授けて
Ad buxita どうかこの
Pandore パンドラの箱のために
Populus aurus 優れた人材と
Betones negotias 堅実な取引を授けて
O Lucifer! おお、ルシファーよ!
Negotium regnabis 私の仕事を守って
Et ignis Domini そして神の炎のように
Induo ignem! 激しく火を燃やして!

Atmosphère, atmosphère!
演出

このおまじないのカラーはロイヤルブルー。控えめでまじめな雰囲気の服装を心がければ、おのずと気持ちもついてきます。パピルスにサインする時も、頭の中で絶えず、「全員後ろに! 先頭は私!」と唱えましょう。

L'envol
ひとひねり

主導権を握るのはあなた。収支にサインして、確認したら、邪悪な妖精カラボス〔眠れる森の美女の悪の妖精〕が引き起こしたような波乱もひと段落。今度はあなたがボスになる番です。

La science infuse
ふまじないのツボ

❀ **材料**：紙は自分とあの世、自分と他者を結びつける絆。私たちは一蓮托生なのです。つまりは書類が必須ということ。会計簿があればなおいいでしょう。

❀ **効果**：ライデンパピルスやストックホルムパピルス〔いずれも3世紀頃に書かれた金属に関する書物〕があれば、願い事はかなえられるでしょう。昔の人々のように、金、銀、織物、貴石についての扱い方を記すには、パピルスが一番。お金のけじめは友情のけじめ、ということをお忘れなく。

❀ **魔女の疑問**：リーダーは誰なのか、パピルスに頼るまでもないでしょう。あなたがリーダーなのだから！

Secrets de sorcière
魔女の秘密

名前：ギリシャ神話の英雄テセウスは、アリアーヌの糸玉のおかげで迷宮から脱出できました。そんな緻密な彼女と同じ「アリアーヌ」という名前なら、このおまじないの効き目は保障されたも同然です。

ラッキーチャーム

素材：錫（すず）

惑星：木星

曜日：木曜日

カラー：青

ツール：会計簿

ポイント：意志、熱心、コントロール

効果：成功、発展、繁栄

Per Satanas
サタンからのアドバイス

ビジネスの世界は魔術とは無縁で、このおまじないも一見実現不可能に思えますが、シンボル、パピルス、会計簿、敬意の念を誘うロイヤルブルーを組み合わせれば、うまくいくはず。こうしたひとつひとつの要素が、あなたのリーダーとしての立場を裏づけるのです。

Délires et atmosphères
小物をきかせて

庭でシュロガヤツリ（*Cyperus alternifolius*）を育てましょう。
すらりとした茎と美しい葉を持つこの植物は、
エジプト原産で、根元が水につかっています。
鉢植えにして、冬には室内に入れます。また近縁種にも観葉植物として
楽しめるものがあります（*Cyperus diffusus*）。

✺

カミガヤツリを飾りましょう。
時間と共に弱ってきたら、パピルスを作ってみましょう。
茎を45cmに切り分け、お菓子作りの綿棒で平らにします。
吸取り紙を木の板に敷き、平らにした茎を並べます。
その上に吸取り紙を置き、木の板をのせます。
重い石を置いてしっかりと押さえましょう。
茎が乾いたら、同じ手順を繰り返します。
茎を「大公妃の靴下のように、乾かして、乾かしきることが」肝心です。

━━━◆◇◆━━━

Jeter un sort! Abracadabra!
おまじないをかける！ アブラカダブラ！

✺ 呪文を暗記して、丁寧に発音します。
✺ ハイヒールを履いて背を高く見せます。
✺ ロイヤルブルーの服で威厳を演出して。
✺ 生まれた時間の数字をモチーフにしたメタルペンダントを首に飾ります。
✺ 会計簿を持ちます。
✺ ビジネスパートナー（そして彼）の目を見つめて。
✺ 魔女語で3度、普通語で2度、呪文を唱えます。
✺ 魔女のつぶやきをささやきます。
✺ カミガヤツリを1本彼に渡します。きれいな茎ほど、ビジネスをうまくまとめてくれるでしょう。
✺ おまじないもビジネスもうまくいくでしょう。
✺ 彼は数字を確認して、「うまく回っているね」と口にするはず。

Le tour est joué
仕上げ

前進するには、障害を克服して、お金を稼いで、仲間を作り、大胆さを失わないこと。そうすればすべてはうまくいきます。

それぞれが自分を表現して、いい雰囲気で仕事をしながら、アイディアを出し合うのが一番。対立や矛盾は暗雲の予感。一度立ち止まって、まわりを見てみて。必要なものはすべてそろっているでしょうか。書類、手練手管、古代エジプト人もパピルスを使って記録した会計簿。いずれもきちんと記録、確認、整理されているでしょうか。すべてを手配したのはあなた。リーダーが誰か、もうわかったでしょう?

全員後ろに! 先頭は私!
さあ、私の言うことをよ〜く聞きなさい。
そろそろ満足する時が
やって来る
リーダーは誰かしら?
リーダーの言うことを聞いて!
全員後ろに! 先頭は私!

Le fin mot de l'histoire
魔女の独り言

「リーダー(シェフ)は誰?」は、会社でも厨房でもよく聞かれるフレーズです。いずれにせよ、指示されるほうは何が待ち構えているのか、気もそぞろでしょう。

TENTATION
おいしい誘惑

ライティングデスクに食後酒用のグラスをセットして、リキュール44 (p192参照) を注ぎます。これを飲めば、たちまちにして数学の才能が授けられるでしょう。デザートには修道士のルバーブのジャム (p150参照) を。ショウガを使ったレシピですが、好みでスターアニスやバニラで代用しても結構です。

Bouillon de culture...
de sorcière
魔女の教養

リーダーの役目はもちろん指示を出すこと。
けれども収支を合わせるのも、重要な仕事です。
会計簿にはたいてい収支が記載されているものですが、
魔術の世界の会計簿は、数字よりもむしろ言葉を操ります。

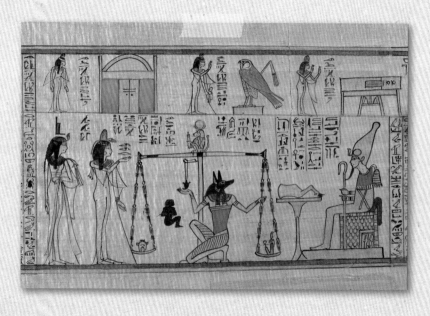

Le goût de l'Histoire
歴史はお好き？

　パピルス、すなわちカミガヤツリ（*Cyperus papyrus*）は5000年前から生息する植物で、エジプトや地中海沿岸に分布しています。パピルス紙はこの植物の茎から作られています。哲学者プラトンはパピルスについて、コルクや弦に類似した合成素材と述べ、小プリニウスは、特殊な製紙技術を記述しました。製紙では、パピルスの茎を細く薄く切り、水気を含ませながら、格子状に重ねて圧力をかけます。ポイントは新鮮な茎を使うこと。乾燥させ、表面を処理したら、20枚をつなぎ合わせて巻物にします。のりは熱湯に小麦粉を溶かし、酢少々を入れて作られていました。

　中世、羊皮紙は高価だったため、文字を消してから再利用していました。これを「パリンプセスト」と呼びます。アルキメデスの『方法』『球体と円柱』『円周の測定』『平面の釣合について』『螺旋』などの論文が記されたパリンプセストは、アルキメデス・パリンプセストとして知られています。

L'esprit des mots
言葉遊び

フランス語の「シェフ」のさまざまなニュアンス

♣軍隊の指揮官：国防委員会、国防特別委員会の議長を務めるのは大統領。一方、軍事作戦を指示するのは統合参謀総長です。

♣悪党の頭：成員に対し権力を振るう扇動者、チンピラ（ラルース百科事典参照）。総じて、グループ内の権力者を指します。

♣経営者：中小大企業の経営者を指します。

♣女性リーダー：近年では女性リーダーという言葉も使われるようになりました。フランスでイヴォンヌ＝エドモン・フォワナンにより、女性経営者団体（FCE）が創設されたのは1945年のこと。彼女は団体のシンボルとして、メルクリウス（ローマ神話神）の翼（商売）、アスクレピオス（医学の神）の杖（義務）、蛇（健康）を採用しました。

♣船長：船舶で決定権を持つのは船長です。

Littérature et culture
文学と文化

「全員後ろに！ 先頭は私！」の言葉は、フランスの歌手ジョルジュ・ブラッサンスの有名な『子馬』のリフレインにちなんでいます。歌詞の一部を引用しましょう。「悪天候の中の子馬／勇敢な子馬／皆、後ろにつけ、皆、後ろにつけ／あれは白い子馬だった／皆、後ろにつけ、子馬が前だ」

Signature
小道具

会計簿：企業では総勘定元帳と呼ばれ、すべての取引を貸し方と借り方に分けて記録します。その昔、会計を記した紙は厚紙の表紙と共に綴じられていて、背表紙は亜鉛の板で補強されていました。

Je m' voyais déjà !
Abracadabra

成功はすぐそこに！アブラカダブラ！

高く、高く！

仕事ばかりに偏らないで。管理されたり、指示されたりするのはもううんざり。
今度はあなたが主導権を握る番です。人生は楽しまなきゃ。ただし浪費には要注意。
何かがほしければ、行動あるのみ。決断はあなた次第です。

⚜ Le Grand Jeu ⚜
ポイント

このおまじないはチャレンジ系。足を踏み
外さずに頂点に上りつめるには？世の中、不
可能なことなどありません。あなたの夢はあな
ただけのもの。最高の自分を引き出して。

FAIRE UN VŒU
呪文

成功はすぐそこに！
魔女語：Me avolare, potenta virga, altiussima !（3度唱える）
普通語：強力なほうきよ、私を飛ばせて、もっと高く！（2度唱える）

Paroles de grimoire
魔女のつぶやき

Supra nugibus　がらくたや
Et pacotillibus　安物ばかりで
Embrouillaminibus　大混乱
Elevare me　私を高めて
Pulvis est labor
仕事がほこりをかぶっている
Scriba　会計簿
Rogationes　オファー
Administro　管理するのは私
Ad res mei !　ビジネスはこの手に！

Atmosphère, atmosphère !
演出

このおまじないの基本はセンチメンタルな色、ブルー。ヒマラヤの青いケ
シ（*Meconopsis betonicifolia*）のような紺碧、メイクした目元の嫉妬を含ん
だブルー……。彼の心があなたに魅了されてブルーになったら、あなた
の勝ち。ブルーは高貴な血の印。今やあなたは勝利して、彼の心をつ
かんだ女王。高貴な彼と女王のあなた。主導権を握るのはどちら？

L'envol
ひとひねり

指をパチンと鳴らせば魔法がかかるわけでは
ありません。魔法の成功のカギは、優れた話を収
めたおとぎ話全集を読むことにあるのです。魔法
が成就できれば、怖いものなどひとつもありません。

La science infuse
おまじないのツボ

❖ **材料**：魔女のほうきがあれば高く飛んではいけるでしょうが、頭も働かせねばなりません。そのためにはおとぎ話全集が一番。こうした本は呪文、ひねりのきいた警句、すてきなお話、魅力的な光景を描き出し、毎日の生活を彩り、想像力を豊かに育んで、愛情あふれる、爽快な気分にしてくれます。本の力を借りれば、大もうけしたり、金に糸目をつけずに楽しんだり、仕事で成功を収めたりするのも夢ではありません。

❖ **効果**：おとぎ話全集をめくっていると、たくさんのアイディアが浮かんできます。魔力を持った人物に自分を重ねてみて。想像力を存分に遊ばせたら、現実に戻って我が道を邁進しましょう。

❖ **魔女の疑問**：おとぎ話全集は本当に必要？ 野心に燃えるあなたが成功の道を歩むことは明らかなのに……。

ラッキーチャーム
素材：錫（すず）
惑星：木星
曜日：木曜日
カラー：青
ツール：おとぎ話全集
ポイント：意志、野心、やる気
効果：社会的成功、厳しさ、チームワーク

Secrets de sorcière
魔女の秘密

名前：力、意志、成功への野心を連想させる「勝利（ヴィクトワール）」は、サクセスを夢見る女性たちのうらやむ名前。

Per Satanas
サタンからのアドバイス

頂点を目指すのは、生易しいことではありません。このおまじないには相当な自信が必要です。仕事であれ、恋愛であれ、あらゆる状況で、成功には離れ業が必要とされます。ただし誇り高い姿勢を崩さないで。青い服と青い香りをまとって、おとぎ話全集を持っていれば、もっともっと高みを目指せます。

Délires et atmosphères
小物をきかせて

庭でアガパンサス（*Agapanthus*）、
オダマキ属のセイヨウオダマキ（*Aquilegia cærulea*）、
ヤグルマギク（*Centaurea cyanus*）、シュッコンアマ（*Linum perenne*）、
ヒヤシンス（*Hyacinthus*）、デルフィニウム（*Delphinium*）、
カンパニュラ・カルパチカ（*Campanula carpatica*）、
アジサイ（*Hydrangea macrophylla*）などを育てて、
世離れした雰囲気を演出しましょう。

✳

おまじないの日には、この世のものとは思えない
紺碧のヒマラヤの青いケシで花束を作ります。
彼はおとぎ話の中に入り込んだような気分になるはず。

✳

アイメイクは必須。あなたの目が何色でも、あくまでブルーのメイクで。
青、青！ 空のような青い瞳！

✳

ブルーで統一して、ゲランの香水
「ルール・ブルー〔「青い時間」の意〕」で仕上げをします。

Jeter un sort! Abracadabra!
おまじないをかける！ アブラカダブラ！

❋ 呪文を暗記して、丁寧に発音します。
❋ 真実の色、青いワンピースを選びます。
❋ ワンピースの上半身のどこかに数字の4を縫いつけましょう。
　 4は具体性の象徴です。
❋ 本物またはフェイクのサファイアの指輪を薬指にはめます。
❋ おとぎ話全集のお気に入りのページを開いて。
❋ パートナーの目をしっかりと見つめます。
❋ 魔女語で3度、普通語で2度、呪文を唱えます。
❋ 魔女のつぶやきをささやきます。
❋ ヒマラヤの青いケシの花束で、彼の頭はクラクラしているはず。
❋ ほら！ おとぎ話が実現しました。
　 彼は「決定権を握るのは君」とつぶやくでしょう。

Le tour est joué
仕上げ

手順にとらわれていては、魔女のほうきで空をさっそうと飛ぶなど夢のまた夢。
肝心なのは、恐れを知らぬ大胆さ。革命家ダントンも「何よりも大胆に。つねに
大胆であれ」と説いています。頂点に上り詰めることには、それだけで大きな価値
があるのです。知識、器用さ、巧妙さ、魔術こそが成功のコツ。金にも匹敵する
調合（レシピ）に従って、混ぜたり、揺らしたり。ほら、成功はすぐそこに！

成功はすぐそこに
高く、高く
頂上へ
この手に力を
これは魔女の話ではなく
妖精のおとぎ話
なんてすばらしいビジネス！

Le fin mot de l'histoire
魔女の独り言

「成功はすぐそこに」とはフラ
ンスの歌手シャルル・アズナヴー
ルの歌の一節（『希望に満ちて』）。
成功の階段を駆け上りたい、と
は誰もが抱く野心です。

TENTATION
おいしい誘惑

青い小テーブルに青磁器の花瓶を置き、庭で摘んだ
青い花を活けましょう。グラスを2つ用意して、ブルーベ
リーのリキュールを注ぎます。リキュールの力で、彼はま
すます饒舌になることでしょう。材料は、ブルーベリー
1kg、ブランデー1リットル、砂糖600g。ブランデーを大
きな容器に注ぎ、ブルーベリーを入れてふたを閉め、3
週間寝かせます。鍋に水100ccと砂糖を入れて加熱し
ます。沸騰したら、濾しておいたブランデーを注ぎ、弱火
で5分間加熱します。

Bouillon de culture...
de sorcière
魔女の教養

つねに上を目指す人の野心は留まるところを知りません。
フランス国王ルイ14世も、野心の炎を燃やしたひとりです。
けれどもどうしたら目的を達成できるのでしょう。
おとぎ話全集が夢を運んでくれることは言うまでもありませんが、
私たちが過去から引き継いだ遺産にも、本当のおとぎ話が存在するのです。

Le goût de l'Histoire
歴史はお好き?

• ルイ14世の腹心マザランは1661年3月9日に没し、国王は政府の実権を握りました。単独で統治するとの王の決意は、象徴的な意味を込めて「国王の一撃」と呼ばれました。彼は自分の思い描く君主制を実現すべく改革に乗り出し、宰相のポストを廃止して、自由を確保しようとしました。こうして、太陽王と呼ばれたルイ14世は、太陽のごとく頂点をきわめたのです。

• ニッコロ・マキャヴェッリはイタリアの思想家で、フランス語で「老獪」を意味する「マキアヴェリック」の語源でもあります。彼は権力掌握の術策に長けており、1532年に発表した著作『君主論』は、プラトンの『国家』で説かれた超越的な倫理とはほど遠く、毀誉褒貶の激しい作品です。のちにプロイセン王フリードリヒ2世は、目的達成のための狡猾な行動、権力の奪取、情け容赦ない野望などのマキャヴェッリの姿勢に異論を唱える『反マキャヴェッリ論』を記しました。

Signature
小道具

おとぎ話全集：ルートヴィヒ・ベヒシュタイン（1801–60年）のおとぎ話集の表紙は青。とくに『ドイツ昔話集』（1845年）は、グリム兄弟の童話集にも匹敵する内容です。

Le grand livre des contes

L'esprit des mots
言葉遊び

「つねに上を」：手の届かないものを望む。

✣

「上から下を見る」：自分の優越性を見せびらかす。

✣

「青い花」：フランス語で青い花と言えば、センチメンタルとかロマンティックを意味します。この言い回しはもともと、「青い花を愛する、育てる（のはロマンティックな人）」という表現から来ています。

✣

「ブルーブラッド（青い血）」：「高貴な生まれ」の意。

Littérature et culture
文学と文化

- シャルル・アズナヴール（1924–2018年）の『希望に満ちて』の原題は「自分の姿が見えた」。これは18歳で上京したアズナヴールの、パリを征服したいとの野心を映し出しています。歌詞には「町一番の仕立屋で、この流行のブルーのスーツを作ったのさ。写真、歌、編曲で金が尽きてしまった。ポスターに描かれた〔成功した〕自分が見えたのさ」とあります。

- 誰もが幼い頃に、グリム兄弟やシャルル・ペローのおとぎ話を聞いたことがあるでしょう。おとぎ話は私たちの心をワクワクと弾ませます。『ヘンゼルとグレーテル』『ホレのおばさん』『ラプンツェル』『6羽の白鳥』など、グリム兄弟のお話は、王女さま、魔女、不思議な生き物のすむ魔法の世界に私たちを連れていってくれますが、シャルル・ペローのお話は少し趣向が違っていて、『サンドリヨン（シンデレラ）』『赤ずきんちゃん』『眠れる森の美女』『巻き毛のリケ』『長靴をはいた猫』など、どれも魔法が中心となっています。ドーノワ夫人の『白い猫』『白い雌ジカ』や、ルプランス・ド・ボーモン夫人の『シェリー王子の物語』『美女と野獣』も優れた作品です。『美女と野獣』にはこんな一節があります。「うぬぼれや怒りっぽさ、食いしん坊、怠けぐせなどは自分で直すこともできるでしょう。けれども、意地悪で妬み深い心を変えることができるのは、奇跡だけなのです」

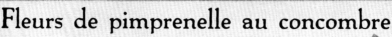

Fleurs de pimprenelle au concombre
サラダバーネット & キュウリ

眠気に負けずに楽しい夜を過ごすには？

魔法の効果

その昔、サラダバーネット（*Sanguisorba minor*）にはとても高い薬効があるとされていて、ペストを予防し、有害な瘴気（もや）から心臓を守ってくれると信じられていました。フランス語ではパンプルネルと呼ばれますが、パンプルネルは、1962年放送の子ども向け番組『おやすみ、こどもたち』で大きなクマと一緒に出てくる女の子の名前でもあります（初代の女の子の名前はミラベル）。フランスのあるお話には、パンプルネルという名の魔女がいて、子どもたちを寝かせたり、反対に眠らせないようにしたりしました。パンプルネルの力を借りれば、夜が来ても眠くならないかもしれません。

材料（4人分）

サラダバーネットの葉　12枚ほど
キュウリ　1本
ブルーチーズ　125g
レーズン　50g
オリーブオイル　大さじ2
塩、こしょう

所要時間

準備：15分

作り方

❶ キュウリの皮をむき、薄切りにする。
❷ お皿に盛り、細かく切ったチーズとレーズンを散らす。
❸ オリーブオイルをかけ、塩、こしょうで味をととのえる。
❹ サラダバーネットの葉をあしらう。

楽しい夜が来た
イェイ!

La parenthèse enchantée
閑話休題

サラダバーネットは上から下まで美しいたたずまい。花は深紅、ギザギザとした葉は左右対称に生え、鳥の翼を思わせます。

Cornues & alambics
霊験あらたかな液体

このサラダはスターターとして、爽やかな飲み物と一緒に楽しみましょう。白ワインにサラダバーネットの葉を数枚、2時間つけておきます。これを炭酸水で割ると、爽快な食前酒に。

SE METTRE AU VERT
草原でひと休み

サラダバーネットは地中海盆地原産で、スウェーデン南部やロシア中央部までの南・西・中央ヨーロッパに分布しています。地域にもよりますが、4月から7月にかけて開花し、背丈はせいぜい15–20cmほど。乾燥した草原や、石ころだらけの土地、埋め立て地、道端に生えています。

Secrets de sorcière
魔女の秘密

匂い：サラダバーネットにはわずかに苦みがあり、キュウリの匂いがします。
キャンディー：サラダバーネットは地味な植物ですが、深紅の花だけは別で、まるでキャンディーのようなポップな姿です。
葉：葉は開花後数か月間生えていますが、サラダには黄色いものだけを選びましょう。

Important !
重要！

サラダバーネットの根と葉はとても優れた野菜でもあります。葉はサラダとして、またはほうれん草のようにゆでて。ワイン、ブランデーの風味づけ、スープ、生野菜の盛り合わせにも使えます。

Abricots au romarin
ローズマリー風味のアンズ

頭脳明晰な女性を目指す

魔法の効果

　アンズにはさまざまな効用があります。赤血球を増やして健康な血にしてくれるため、疲れたときや貧血のときの心強い味方で、脳の働きに不可欠なリンとマグネシウムも含まれています。その昔、アラブ圏では、疾病が原因で言語機能を失った患者にアンズとローズマリーが処方されていました。どうやらアンズは明晰さをもたらしてくれるようです。

材料（6人分）

アンズ　18個
ハチミツ　大さじ1
ホワイトラム酒　500 cc
砂糖　大さじ5
ローズマリー　3枝
バニラアイスクリーム

所要時間

準備：20分
調理：3分
漬け込み：30分
計：53分

作り方

❶ アンズを洗い、種を取る。

❷ 容器にハチミツ、ラム酒、砂糖大さじ1、ローズマリーを細かくして混ぜ、最後にアンズを加える。

❸ ときどきかき混ぜながら、30分間漬け込む。

❹ アンズを取り出し、残りの砂糖の上で転がす。

❺ 耐熱皿にアンズを並べ、250度に予熱しておいたオーブンで3分加熱する。

❻ アイスクリーム用カップ6個にアンズを入れ、アイスクリームを盛ってから、③のシロップをかける。

❼ 盛りつけたらすぐにサービスする。

La parenthèse enchantée
閑話休題

　ローズマリーは副作用を起こす場合があるので、使いすぎないよう注意が必要です。その昔、「4人の泥棒のビネガー」という名の調合にも、セージ、ニガヨモギ、シナモン、クローブ、ナツメグ、ニンニク、クエン酸、樟脳、シードルなどの薬草や調味料と一緒に、ローズマリーが使われていました。これは飲み物ではなく薬で、人々は大気中の有毒気体〔19世紀までその存在が信じられていた〕や病気から身を守るため、体に塗っていたのです。1630年、トゥールーズでペストが流行しましたが、ある4人の泥棒は遺体から金目のものをあさっていたのに、決して感染しませんでした。彼らはローズマリー入りのマッサージオイルを使っていたのですが、どうやらそれが感染を防ぐ秘密だったようです。

Cornues & alambics
霊験あらたかな液体

　ローズマリーティーは消化を助けてくれるだけでなく、神経系を刺激して、体を軽くする働きがあります。

SE METTRE AU VERT
草原でひと休み

　ローズマリー（*Rosmarinus officinalis*）はシソ科の灌木で、高さ2メートルに達するものもあり、地中海沿岸のガリッグ〔石灰質の乾燥地帯〕や灌木地帯に生えています。南フランスでは早くも3月に開花し、紫色の花を咲かせます。

Secrets de sorcière
魔女の秘密

柔らかさ：アンズの漬け込み中は、あまり柔らかくならないように気をつけましょう。
砂糖：アンズに砂糖をまぶしてからオーブンで加熱すると、キャラメル色になりカリッとします。
シロップ：シロップをかけるときは、アイスクリームを完全に覆うほどではなく、一部が出る量にします。
ハチミツ：ローズマリーハチミツが理想的です。くっきりとした味わいなので、アンズも引き立つでしょう。

Important !
重要！

ローズマリーはデザートで大活躍。というのも、肝臓の働きを助け、消化を促すからです。

Roquette de mer à la capucine
カキレ・マリティマのキンレンカ添え

山を動かすほどの力を手に入れるには？

魔法の効果

カキレ・マリティマは同じアブラナ科のホワイトウォールロケット（*Diplotaxis erucoides*）に比べると、とてもマイナーな食材。オーストラリア、地中海沿岸部、大西洋地域原産で、フランスではアラブ語起源の「カケレッシュ」とか「カクーラ」とも呼ばれます。成長した根は砂丘をしっかりと押さえて、重要な働きをします。力強いカキレ・マリティマの力を借りれば、山でも持ち上げられるでしょう。

材料（4人分）

カキレ・マリティマ　200g
キンレンカの葉　12枚
キンレンカの花　12個ほど
米　50g
カニ缶　250g
むきエビ（ボイル）　250g
オリーブオイル　大さじ6
トマトビネガー　大さじ3
塩、こしょう

所要時間

準備：15分
調理：10–20分
計：25–35分

作り方

❶ 熱湯で米をゆで、ざるで湯を切ってから冷ましておく。
❷ カキレ・マリティマとキンレンカの葉を洗って水を切り、細く切る。
❸ ②、米、水分を切ったカニ缶、エビを各皿に盛りつける。
❹ オリーブオイル、トマトビネガーをかけ、塩とこしょうで味をととのえ、キンレンカの花をあしらう。

La parenthèse enchantée
閑話休題

カキレ・マリティマ（*Cakile maritima*）の小ぶりな花は、花蜜をたっぷりと含み、いい香りがして、ミツバチも大好物です。

Cornues & alambics
霊験あらたかな液体

魚介類にはドライな白ワインが定番。カキレ・マリティマとも相性がいいのですが、飲みすぎには注意しましょう。

Se mettre au vert
草原でひと休み

カキレ・マリティマは塩生植物、つまり塩を含んだ土地に適応した植物で、砂丘下部、海水が押し寄せる塩分を含んだ土地に生えます。アブラナ科で、根がとても細く、栄養分の貯蔵量がごく低く、長さ1メートルに達するものも。乾いた土地では、少しでも水分を吸収しようと根が深く伸びます。

Secrets de sorcière
魔女の秘密

ドレッシング：トマトビネガーの代わりにキンレンカビネガーを使っても。キンレンカの葉を50枚ほど細かく切り、花10個と種20gを潰して、ワインビネガー500ccに混ぜます。

流れに身を任せ：カキレ・マリティマの実が落ちると、波に漂い、外皮が分解され、種が出てきます。人間が手を加えるまでもありません。

Important !
重要！

4月から10月にかけて開花するカキレ・マリティマの白や紫の花を添えてもすてきです。キンレンカのオレンジ色のトーンと合わさって、華やかな色どりが楽しめます。

Confiture de rhubarbe des moines
修道士のルバーブのジャム

気力を回復する！

魔法の効果

昔の人々は、ルバーブと同じく、修道士のルバーブこと
ルメックス・アルピヌス（*Rumex alpinus*）も緩下薬として用い
ていました。薬になるのは葉ではなく、茎の部分です。スト
レスが原因でめまいがする、とてもおなかが痛いという場合
には、このジャムに使われるジンジャーパウダーが効いて、
気力が回復するでしょう。

材料（6人分）

ルメックス・アルピヌスの茎
　（葉を取る）　1kg
砂糖　1kg
ジンジャーパウダー　小さじ1

所要時間

準備：30分
漬け込み：12時間
調理：1時間
計：13時間30分

作り方

❶ ルメックス・アルピヌスの茎を洗い、小さく切る。
❷ 容器に入れ、砂糖を加えて、12時間漬け込む。
❸ 漬け込んだ汁をジャム用鍋に入れ、沸騰させる。
❹ かき混ぜながら強火で10分間、中火で20分ほど煮て、半分に煮詰める。
❺ ルメックス・アルピヌスとジンジャーパウダーを加え、弱火で30分煮る。
❻ これをジャーにつぎ分け、すぐにふたを閉める。

La parenthèse enchantée
閑話休題

ルメックス・アルピヌスはイギリスで順化し、栽培され、食用としてさまざまな種類が販売されています。冬にはオランダで栽培されたヨーロッパ固有種のルバーブ（*Rheum rhaponticum*）も売られています。両方とも味は同じですが、色が違い、さしずめ前者は陶磁器に使われる明るい緑色の顔料ビクトリアグリーン、後者はカナダを象徴する赤、マクドナルドの赤です。

Cornues & alambics
霊験あらたかな液体

ルバーブを使った爽やかな飲み物もあります。フランスではクリヨン・デ・ヴォージュというフルーティーなワイン、イタリアではラバルバロ・ズッカというリキュールがとても人気。ルバーブベースの飲み物はいくつもあるので、このジャムと合わせて楽しみましょう。

SE METTRE AU VERT
草原でひと休み

ルメックス・アルピヌスは人間の背丈ほどに伸びるタデ科の植物。山や牧草地に生え、7月から9月にかけて開花します。グリーンがかった小花がみっしりと房状に集まり、ところせましと咲きます。赤っぽい葉柄〔茎と葉の間の部分〕は長く、しっかりとしていて、葉の表側には溝が通っているような窪みがあります。

Secrets de sorcière
魔女の秘密

ココット鍋：ジャム用鍋がなければ、ココット鍋で代用できます。

撹拌：このレシピでは、火を通している間ずっとかき混ぜなければならないので、天使のような忍耐力が必要とされます。

あく取り：ジャム作りではあく取りがポイントですが、ルメックス・アルピヌスはほとんどあくを出さないので、あく取りも最小限で済みます。

スパイス：ジンジャーパウダーの代わりにスターアニスやバニラを使っても、ルメックス・アルピヌスの苦みが抑えられます。

塩：植物学ではルメックス・アルピヌスは野菜に分類されます。塩少々をつけて、生でかじってみてください。

Important !
重要！

このレシピは
250g入りジャー6個分です。
とてもおいしいのですが、
ルメックス・アルピヌスには
緩下作用があるので、
人に贈るときには気をつけましょう。

Crêpes aux pieds-violets
オオムラサキシメジのクレープ

ミスを避けるには?

魔法の効果

　ダイエットにはキノコがよいと言われますが、キシメジ科のキノコも例外ではありません。というのも、キノコ狩りで歩き回るのはもちろん、ひやひやしながら採取するので、とてもエネルギーを使うからです。クマシメジは有毒なネズミシメジ（*Tricholoma virgatum*）ととても似ていますし、ムーセロンとか聖ゲオルギウスのシメジとも呼ばれるキノコ（*Calocybe georgii*）は、心臓の働きを低下させる一部のアセタケ属（*Inocybe patouillardi*）とほぼ見分けがつきません。うれしいことに、オオムラサキシメジなら、こうしたミスを犯す危険はありません。

材料（3人分）

オオムラサキシメジ　1kg
ニンニク　2かけ
バター　15g
生クリーム　大さじ2
パセリのみじん切り　適量
油、塩、こしょう

クレープ生地：

全粒粉　100g
卵　1個
牛乳　200 cc

所要時間

準備：25分
寝かし：1時間
調理：15分
計：1時間40分

作り方

❶ オオムラサキシメジをきれいにして、細切りにする。ニンニクは皮をむいてみじん切り。

❷ フライパンでバターを熱して、5分間キノコを炒める。

❸ 茶色く色づいてきたら、ニンニク、生クリーム、パセリを加え、塩、こしょうで味をととのえる。

❹ クレープ生地を作り（右ページ参照）、焼く。

❺ クレープの上にキノコを置く。

❻ クレープをまき、3分グリルする。

お嬢さん、
用心なさって

La parenthèse enchantée
閑話休題

　オオムラサキシメジは紫色で、ひだの部分がややピンクがかっているので、簡単に見分けがつきます。面白いことに、ムラサキシメジ（*Lepista nuda*）は表面の色がより濃く、ひだは紫に近い色。どちらも食べられますが、オオムラサキシメジのほうがより繊細な味わいです。

Cornues & alambics
霊験あらたかな液体

　地面低く生えるオオムラサキシメジには、ごくナチュラルな飲み物を合わせましょう。森からそのまま運んできたビワを漬けたワインなら、理想的です。

SE METTRE AU VERT
草原でひと休み

　オオムラサキシメジ（*Lepista personata*）は大ぶりで、たいてい森の周辺の草むらに生えています。姿を現すのは晩秋から初冬にかけて。「陰鬱なシメジ」とも呼ばれます。シメジには奇妙な名前がつけられることが多く、コムラサキシメジ（*Lepista sordida*）はみすぼらしいシメジ、シモコシ（*Tricholoma auratum*）は騎士のシメジ、クマシメジ（*Tricholoma terreum*）は土のシメジと呼ばれ、コロンベッタシメジ（*Tricholoma colombetta*）という名の種もあります。

Secrets de sorcière
魔女の秘密

クレープ生地：小麦粉を山のように盛って中央をくぼませ、卵、牛乳、塩の順に入れます。泡だて器でかき混ぜてから、1時間休ませます。
調理：キノコは加熱するとしんなりしますが、しっかりと火を通しましょう。
組み合わせ：オオムラサキシメジとほかのキノコを混ぜても美味です。
要注意！：すべてのシメジ類が食べられるわけではありません。ミネシメジ（*Tricholoma saponaceum*）は石鹸の匂いがして、食べられたものではありません。

Important !
重要！

　オオムラサキシメジは12月まで採取できますが、秋の間は落ち葉の色と見分けがつかないので、なかなか見つけにくいこともあります。

Carpaccio de girolles
アンズタケのカルパッチョ

幸先よくスタートを切るには?

魔法の効果

　森のステーキとも呼ばれるアンズタケは栄養満点。プロテインを2–6％、ビタミンA、B、C、Eも含みます。アンズタケ100g中、カルシウムは5–7mg、ビタミンCは4–9mgにも！まさにビタミンの宝庫で、カサの部分にも柄の部分にもアミノ酸がたっぷりと含まれています。幸先よくスタートを切るにはぴったりの食材です。

材料 (4人分)

アンズタケ　1kg
レモン汁　1個分
ヘーゼルナッツオイル　大さじ4
粗塩　少々
ヒマラヤ岩塩

所要時間

準備：10分
調理：3分
計：13分

作り方

❶ アンズタケの土や埃を取り除いて、水洗いする。
❷ 鍋で粗塩とレモン汁半量と一緒に湯2リットルを沸かす。
❸ アンズタケを加え、3分間加熱する。
❹ 湯を切り、冷ましておく。
❺ アンズタケを細長く切って皿に並べる。ヘーゼルナッツオイルと残りのレモン汁をかけ、ヒマラヤ岩塩で味つけする。

目と足が丈夫なら、安泰安心

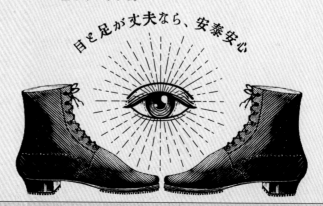

La parenthèse enchantée
閑話休題

アンズタケはカサから柄までいいところだらけ。カサ部分は肉厚で締まっており、鮮やかな黄色でよい香りがします。低カロリーで、80–90%が水分です。

Cornues & alambics
霊験あらたかな液体

アンズタケは繊細でフルーティーな匂いがしますが、苦みもあります。甘みがほしい場合は、地中海地方のワインと合わせましょう。

SE METTRE AU VERT
草原でひと休み

アンズタケ（Cantharellus cibarius）は落ち葉や苔の上、湿った森の下草、森の斜面や生垣、ナラや針葉樹の森に生えます。特徴は黄色くて、漏斗（じょうご）のような形をしたカサ。縁は波打っています。カサの裏はひだではなく深いしわが刻まれていて、5–10cmの長さの柄はどこか歯のよう。果肉は白く、締まっていて、やや繊維質。晩春から夏にかけてとれますが、秋に見かけることは稀です。

Secrets de sorcière
魔女の秘密

涼しいところで：このお料理はサービスするまでの間、涼しいところに置いておきましょう。
サラダ：皿にノヂシャを敷き、その上にアンズタケを置くと、まるで森でキノコを食べているような気分になります。
砂糖：アンズタケには苦みがあるので、ゆでるときに角砂糖1個を入れても。
塩：体にいいとされるヒマラヤ岩塩は、専門食材店で手に入ります。

Important !
重要！

アンズタケと似たキノコに、ヒロハアンズタケ（Hygrophoropsis aurantiaca）があります。

こちらも食べられるのですが、カサの裏にヒダが入っていて、加熱すると黒っぽくなります。

第 6 章

Les chiffres,
c'est un signe !
数字は予言する

Reçu cinq sur cinq, je l'ai capté! Abracadabra!

物事をしっかりと把握する！アブラカダブラ！

運命を導く「5」の力

見たり聞いたりするだけで、こんなに動揺するなんて……。
そのうえ味覚まで鋭敏に。これは何かの兆候なのでしょうか。心がドキドキするのは
なぜでしょう。五感が沸点に達しているのでしょうか？ その理由は彼？

✦ Le Grand Jeu ✦
ポイント

このおまじないは五感系。見つめ合い、
求め合い、言葉を交わし、ついには理性
を失ってしまいます。彼がいれば、ものの
5秒もせずに、この世はあなたのものに。

FAIRE UN VŒU
呪文

物事をしっかりと把握する

魔女語：Stella quinque branchias, dare mihi armor !
（ステラ クインクエ ブランキアス、ダレ ミ アルモール）

（3度唱える）

普通語：五芒星よ、この愛を私にちょうだい！（2度唱える）

Atmosphère, atmosphère !
演出

悪あがきしてもムダ。もう運命
は動き始めているのです。あなた
ははっきりとしたメッセージを受け
取ったはず。空気の流れを変えましょう。
魔女の起こした風があなたに吹きつけます。
すぐにはわからないかもしれませんが、彼の心には
キューピッドの放った矢が突き刺さっているはず。

Paroles de grimoire
魔女のつぶやき

Per Satanas （ペル サタナス） サタンよ
Extirpe me （エクスティルペ メ） 100人の恋人が
Griffibus （グリフィブス） 残した傷を
centum amantorum （チェントゥム アマントルム）
取り除いてちょうだい
Jetas me （イェタス メ） 彼の燃えるような心に
Cordis ignis （コルディス イグニス） 私を投げ込んで
Primum nunc observe （プリムム ヌンク オブセルウェ） 見つめただけで
Primum nunc captivus （プリムム ヌンク カプティウス） 心奪われる
Est bene illus （エスト ベネ イルス） 彼こそがその人
Placet me （プラチェト メ） 彼が好き
Est milhi （エスト ミリ） 瞬く間に
Quinque secundibus （クインクエ セクンディブス） 彼は私のもの

L'envol
ひとひねり

電流のように、すべてがスムー
ズ。振り子（ペンデュラム）が揺らめいて、あなた
の五感が研ぎ澄まされれば、もう
疑いの余地はありません。

La science infuse
おまじないのツボ

❀ **材料**：このおまじないでは、振り子（ペンデュラム）を使います。成功の
コツは、誰も触れたことのない振り子（ペンデュラム）を使うこと。糸や
チェーンの先に重りが吊り下がっている構造で、材質
は木でも金属でも石でも結構です。振り子の揺れを観
察して、答えを受け取りましょう。時計回りに動いたな
ら、辛抱強く質問を繰り返します。時計とは反対回りな
ら……、残念！ 答えはないということになります。

❀ **効果**：振り子（ペンデュラム）の揺れが縦方向か横方向かは、重要な
ポイント。縦方向に動けば、「はい」の意味です。

❀ **魔女の疑問**：振り子（ペンデュラム）に頼る必要はある？ ひと目ぼれ
の相手もあなたのことが気になっているのに……。

ラッキーチャーム

素材：銅

惑星：金星

曜日：金曜日

カラー：グリーン、イエロー、さび色

ツール：振り子（ペンデュラム）

ポイント：大胆、リーダーシップ、自信

効果：魅了、幸せ、官能

Secrets de sorcière
魔女の秘密

名前：あなたの名がフランス語で
「愛される」を意味する「エメ」なら、
このおまじないが成功する確率大。
さらに彼の名が「恋人」を意味する
「アマン」、あるいは「エメ」なら、成
功間違いなしです。

Per Satanas
サタンからのアドバイス

このおまじないを左右するのは、運命の意思。おまじ
ない自体には、特別なテクニックはいりません。どこかで
彼とあなたの道が交差するかどうか、という確率の問題
なのです。交差するか否か、答えは2つにひとつです。

Délires et atmosphères
小物をきかせて

庭にハーブや葉を植えて、野趣を表現しましょう。
魔女のお気に入りの植物はご存じでしょうか。
古代のヘレボルスとも呼ばれるバイケイソウ (*Veratrum album*)、
単にイチイとも呼ばれるヨーロッパイチイ (*Taxus baccata*) などが
挙げられます。クローバーとも呼ばれる
シャジクソウ (*Trifolium*) もたっぷりと植えて。
猫のハーブことセイヨウカノコソウ (*Valeriana officinalis*) は、
猫をもご機嫌にするカノコソウ属です。ぜひ育ててみましょう。

✿

おまじないの当日には、グリーンのファッションで。
ガーター編みのウールのロングスカート、黒いブーツ、
ほっそりとしたラインを強調するステッチの入った
黒いひもつきビュスチエがおすすめです。

✿

服にはエリザベス・アーデンの香水
「5thアヴェニュー」を香らせて。

Jeter un sort! Abracadabra!
おまじないをかける! アブラカダブラ!

❋ 呪文を暗記して、丁寧に発音します。
❋ ビュスチエに封筒を忍ばせて、ミステリアスな雰囲気を演出します。
❋ 封筒には数字の5が隠されています。5は愛の冒険を表します。
❋ 本物でもフェイクでもよいので、エメラルドの指輪をつけます。
❋ 人差し指と親指で振り子（ペンデュラム）を持ちます。
❋ ひと目ぼれした相手をじっと見つめます。
❋ 魔女語で3度、普通語で2度、呪文を唱えます。
❋ 魔女のつぶやきをささやきます。
❋ あら不思議! 振り子（ペンデュラム）が縦方向に動きました。
　　5は心を惑わせる数字です。
❋ 彼は頭がクラクラして、「ひと目ぼれ」と口ずさむでしょう。

Le tour est joué
仕上げ

振り子[ペンデュラム]や、セイヨウナツユキソウや、5つの根のシロップなどを使ったおまじないが成功すれば、特別な感情が芽生え、感覚が強まり、強烈な欲望に変わります。これはオオカミの仕業でしょうか。どうすれば激情を呼び起こすことができるのでしょう。五感——視覚、聴覚、嗅覚、味覚、触覚——の魔力とひと目ぼれの相乗効果で、彼は欲望に身を焦がしているみたい。数字はそんなにあてになるのかしら? さあ、数字の語る言葉に耳を傾けてみましょう。

メッセージを受け取り

しっかりと把握し

本質を理解する

振り子[ペンデュラム]そしてセイヨウナツユキソウ

私は自分の泡の中

メッセージを受け取れば

私は彼の泡の中

Le fin mot de l'histoire
魔女の独り言

把握こそが最初のステップ。彼があなたに惹かれ、すっかり心を奪われていることは、整然とした五線譜よりも明らかです。

TENTATION
おいしい誘惑

セイヨウナツユキソウを活けた花瓶をテーブルに置きましょう。フランス語では、セイヨウナツユキソウは「フィリペンデュラ」と趣[おもむき]あるすてきな名前。草原の女王とも呼ばれ、クリーム色の花を咲かせます。この花を飾るだけで、クリームのようにふんわりとした気分になるでしょう。食欲がなければ、5つの根のシロップ (p182) が、オオカミのような食欲を刺激してくれます。セロリ、フェンネル、パセリ、ナギイカダ、ワイルドアスパラガスの5つのハーブは、スターター、メインディッシュ、チーズ、デザート、コーヒーと、それだけでコース料理になります。美味なハーブを楽しみましょう。

Bouillon de culture...
de sorcière
魔女の教養

これまで5という数字があちこちに登場しました。
フランス語で、「5つのうち5つ受け取る」とは、「しっかり把握する」を意味します。
5という数字の形は、大真面目に教皇のような帽子をかぶって、
おなかが丸々とした人のようにも見えます。5は運命を導き、左右する重要な数字。
フランス王シャルル5世が「賢明王」と呼ばれていたこともお忘れなく。

Le goût de l'Histoire
歴史はお好き？

　賢明王ことシャルル5世（1338–80年）の治世は、百年戦争の休戦直前と重なっています。シャルル5世は、クレシー（1346年）とポワティエ（1356年）の戦いで敗れ、1347年から51年にかけては、ペストの波に見舞われました。彼は初めて王室図書館を設立し、これがのちのフランス国立図書館になります。また美術と建築を支援し、ヴァンセンヌ城の堅固な主塔を建設しました。人口が急速に増加するパリにおいて、大規模な公共事業を数多く手がけたことでも知られます。もうひとり、歴史に名を残したシャルル5世がいます。といっても、ドイツ語読みのカール5世（1500–58年）の呼び名のほうが知られているでしょう。カール5世はスペイン国王兼神聖ローマ皇帝です。他にもロレーヌ公シャルル5世（1643–90年）や、カルロス5世ことカルロス・マリア・イシドロ・デ・ボルボーン（1788–1855年）など、「シャルル5世」はあちこちにいます。

L'esprit des mots
言葉遊び

5文字：フランス語で5文字といえば、排泄物（merde）を指す隠語。失恋したときやがっかりしたときには、婉曲に、「mな気分」と表現することもあります。

Signature
小道具

　振り子にはクリスタル、金属、真鍮、銅などさまざまな材質があり、カーネリアンなどの石もあります。カーネリアンは活気や力強さをもたらすとも言われます。糸で吊り下げられた振り子の先端は、動きで答えを伝えます。その重さは15gから25g。またしても5の登場です。

Mythes et légendes
神話と伝説

　5という数字はたくさんの象徴を含んでいます。指の数は5本ですし、五感はその名の通り、視覚、触覚、嗅覚、聴覚、味覚の5つの感覚です。東洋では自然に5大要素——炎、水、木、金属、土——があるとされています。

　マヤ文明に伝わる神話によれば、私たちは第5の世界に住んでいるとか。世界には5つの大洋がありますし、五芒星は5つの角を持つ星です。結婚5年目は木婚式。イスラム教で1日に5回祈りを挙げるのは、五柱という概念から来ています。ニューヨークにある世界有数の大通りの名前は、5thアヴェニュー。シャネルの伝説的な香水「N° 5」は、2021年に100周年（5x20＝100）を迎えました。

Littérature et culture
文学と文化

• 『フィフィス・エレメント』：リュック・ベッソン監督のSF映画（1997年）。2263年、太陽系の端に、ごつごつとしてびくともしない小惑星が出現します。天体現象の専門家で、魔法にも通じたコーネリアス神父は、大統領に5番目の要素（フィフィス・エレメント）の存在を知らせます。神父は、悪がこの世のすべてのものを滅ぼすことになるが、5番目の要素（フィフィス・エレメント）、すなわち愛が人類を救うことになるだろう、と予言します。

• 『5人と1ぴき』：イギリスの児童文学作家イーニッド・ブライトンが、1942年から63年にかけて発表した冒険小説シリーズ。フランスでは翻訳家クロード・ヴォワリエが、1971年〜85年に続編を発表しました。フランス語版では、クロード、フランソワ、ミック、アニー、犬のダゴベールが登場します。

Reçu cinq sur cinq, je l'ai capté! Abracadabra!

100歳になっても歯がそろっていますように！アブラカダブラ！

年齢不詳の美女になる

時は容赦なく過ぎていきます。でも、しわ、疲れ、筋肉痛、捻挫、
失敗なんてどこ吹く風。にっこりと満面の笑みを浮かべて。
美と楽天主義は、時計の振り子にも振り回されないのです。

✦ Le Grand Jeu ✦
ポイント

このおまじないの目的は、楽しく生きな
がら年をとること。キーとなるのは愛、白
い花、水婚式、真っ白な髪と頬です。

FAIRE UN VŒU
呪文

100歳になっても歯がそろっていますように！
魔女語：Saeculum, ego vitam mordere circa dentos meos（3度唱える）

普通語：時を越えて、たっぷりと人生を楽しむ（2度唱える）

Atmosphère, atmosphère !
演出

満月の夜。あたりは真っ暗にはならず、
影が踊っています。外に出てみましょう。
太陽は月を真正面から照らし、空はま
ぶしいほど真っ青。古代ローマを舞台
にしたフランスのコミック『アステリック
ス』では、村の祭司がヤドリギを摘み
ます。ヤドリギは丸く白い寄生植物で、月と太陽の結合
を象徴しています。白い服を着て、彼を照らしましょう。

Paroles de grimoire
魔女のつぶやき

Per Satanas（ペル サタナス）　サタンよ
Abolete（アボレーテ）　時の
Imprintes（インプリンテス）　跡を
Temporis（テンポリス）　消してちょうだい
Animat forcam tuam（アニマト フォルカム テュアム）　あなたのエネルギーを
In faciem meam（イン ファチエム メアム）
この顔に吹きかけてちょうだい
Sanguis meus（サングイス メウス）　100歳になる
Centum annorum（チェントゥム アンノルム）　この血が
Bullat, bullat, bullat（ブラト ブラト ブラト）　血管の中で
In meis venibus（イン メイス ウェニブス）　熱く駆けめぐり
Prolongas vitam（プロロンガス ウィタム）　寿命を延ばして
Me souirat（メ スイラト）　人生が微笑んでくれますように

L'envol
ひとひねり

永遠の若さが大き
な息吹となって、大冒
険が始まります。100
歳は新たな春の始まり
なのです。

La science infuse
ふまじないのツボ

❊ **材料**：ハンドバッグの中に可愛らしい魔法のコンパクトを忍ばせて。あくまでもエレガントでフェミニンなものを。白い服に合わせて、コンパクトもクリーム色がいいでしょう。コンパクトの鏡には美しい顔が映され、閉じたときのパチンという音が、過ぎゆく時に区切りをつけます。コンパクトを開けるのは、彼の心を射止めるときだけにしましょう。

❊ **効果**：コンパクトの中のパウダーは洗練の象徴。顔の欠点や小じわを隠してくれ、桃のような美しい色艶を与えてくれます。

❊ **魔女の疑問**：年齢不詳なのに、パウダーに頼る必要はあるかしら？

ラッキーチャーム

素材：銀
惑星：月
曜日：月曜日
カラー：白
ツール：魔法のコンパクト
ポイント：自信、希望
効果：輝き、永遠の若さ

Secrets de sorcière
魔女の秘密

名前：「至福（フェリシテ）」や「永遠（ペルペチュ）」という名前なら、このおまじないにぴったり。彼の名前が「フェリックス」なら、幸せは約束されたも同然。

Per Satanas
サタンからのアドバイス

　この魔法は、あなたを時の流れの外へと連れていきます。異次元を勢いよく飛ぶあなたは、時に阻まれることなどありません。永遠の若さはお金がかかるものですが、それだけ価値があるということ。満面の笑みで、おまじないを成功させましょう。

Délires et atmosphères
小物をきかせて

庭を白い花で飾りましょう。ユリ（*Lilium*）、エチオピアのカラーことオランダカイウ（*Zantedeschia aethiopica*）、スノードロップ（*Galanthus nivalis*）、銀のカゴことイベリス（*Iberis*）、スタージャスミン（*Trachelospermum jasminoides*）、フリージア（*Freesia x hybrida*）、フランスギク（*Leucanthemum vulgare*）によく似たマーガレット（*Argyranthemum*）。白い花は純粋さやシンプルな幸福の象徴。自然と微笑みが浮かんできます。

＊

おまじないの日は、白い服を選びます。若々しいラインの白い麻のワンピースなら、あなたの魅力を引き立ててくれるでしょう。葉のようなグリーンのベルトとネックレスも忘れずに。

＊

香水はケンゾーの「カラー・ケンゾー・ジョーンヌ」で、バニラ、ジャスミン、オレンジフラワーの香りをまとって。

Jeter un sort!
Abracadabra!
ふまじないをかける！ アブラカダブラ！

- ❋ 呪文を暗記して、丁寧に発音します。
- ❋ 思いっきりおしゃれをして、パウダーファンデーションをひとはけすれば、かぶりつきたくなるくらい魅力的。
- ❋ マーガレットモチーフの服を選んで、優雅に微笑んで。
- ❋ 魔法のコンパクトをハンドバッグに忍ばせます。
- ❋ 角砂糖もいくつかハンドバッグに入れます。角砂糖の包み紙に、数字100を書き込んで。
- ❋ 彼を正面からじっと見つめて。
- ❋ 魔女語で3度、普通語で2度、呪文を唱えます。
- ❋ 魔女のつぶやきをささやきます。
- ❋ 注意して！ 彼はずいぶんと欲張りな様子。無理な注文までしてきそう。
- ❋ 彼の口から、「水婚式〔結婚100周年〕を祝おう」という言葉が出てくるかも。

LE TOUR EST JOUÉ
仕上げ

人生にワクワクしている人は、敏捷で快活でアクティブ。恋愛でも仕事でも成功を目指す人は、目的に向かって邁進します。移ろいゆく時は、軽やかな足取りで跡を残します。変わらぬ愛さえあれば、年を重ねながら恋を楽しみ、長生きできることでしょう。貪欲に人生を楽しむのです。魔法が働けば、100歳でもはつらつ。さあ、水婚式のお祝いです！

死ぬほど美しく
移ろう時は
100歳の
約束を立てる
微笑みから垣間見える歯
永遠の春よ
私に勢いを与えて

Le fin mot de l'histoire
魔女の独り言

フランス語で「100歳でも歯がそろっている」といえば、時に打ち勝った、力強く敏捷という意味です。「歯が長い」とは貪欲なこと。悲劇詩人コルネイユは、「高潔な人は、時を経ずとも徳を備えている」と述べています。

TENTATION
おいしい誘惑

マーガレットを刺繍した白いテーブルクロスを敷き、白い花を活けた花瓶を置きます。恋占いをするなら、フランスギクを選びましょう。彼の心がわからなくて困ってしまったら、妖精フィネットのケーキを（p184参照）。矛盾した面を見せて、彼を動転させるのです。

167

Bouillon de culture...
de sorcière
魔女の教養

0が2つもついてどこか堅苦しい100という数字は、
戦争から猫まで歴史のあちこちに登場します。100という数字はそれだけで、
私たちの目をくらませる力を持っているのです。

Le goût de l'Histoire
歴史はお好き？

- 百年戦争：百年戦争という語が使われだし
たのは、19世紀以降のことです。きっかけと
なったのが、1852年に発表されたフランスの
歴史家テオドール・バシュレの『百年戦争』と
いう本。1340年のスロイスの海戦から、1450
年のフォルミニーの戦いとノルマンディーの奪
回を経て、1453年のカスティヨンの戦いまで、
戦争は長々と続きました。百年戦争は、20世
紀のフランスの歴史家ジャン・ファヴィエの『百年戦争』や、小説家モーリス・ドリュオンの『呪われた王』
など、数多くの歴史書や小説のテーマとなりました。
- プランタジネット朝とヴァロワ朝の争いは、イングランドとフランスを巻き込んだ戦争となり、停戦を挟みな
がら、1337年から1453年まで続きました。主な原因は3つ挙げられます。ひとつ目は中世の大不況、2
つ目はフランス南西部ギュイエンヌ地方の統治権をめぐる両国の対立、3つ目は端麗王と謳われたフィリッ
プ4世の末息子シャルル4世の他界後（1328年）に勃発した、フランス王位継承問題です。
- 100日：ナポレオンは流刑先のエルバ島から帰還し（1815年3月20日）、ワーテルローの戦いでの敗北後、
1815年6月22日に退位しました。この2度目の統治期を、百日天下と呼びます。

Signature
小道具

魔法のコンパクト：アニメ『ひみつのアッコちゃん』には、
本物の魔法のコンパクトが出てきます。アンティークなド
レッサーに合うような、可愛らしくて優雅なマリー・アント
ワネット風コンパクトを選びましょう。中に入っている
パウダーが王妃のように肌を輝かせてくれるはず。

L'esprit des mots
言葉遊び

「固い歯」：手厳しく人を批判する。

✦

「歯がある」：おなかがすいている。

✦

「歯をむく」：毛嫌いすること。恨みを抱く。

✦

「百の言葉を費やすようにひと言で言えば」：
手短に言えば。

✦

「100個のクギのように痩せている」：
クギのように痩せている。

✦

「百歩進む」：行ったり来たりする。

Mythes et légendes
神話と伝説

　宗教では、100はとても象徴的な数字。聖書では、アブラハムは100歳で息子イサクを授かりましたし（旧約聖書『創世記』21章5節）、福音書には、イエスが語った100匹目の迷える子羊のたとえ話が出てきます（新約聖書『マタイによる福音書』18章12節）。初期キリスト教使徒バルナベによれば、アダムとエバは自らが犯した罪を悔いて、100年の間泣き続けたとか。

Littérature et culture
文学と文化

- 『ぼくには少なくとも100匹の猫がいる』は、近年刊行されたフランスの作家ポール・モラン（1888–1976年）の作品。「ミシュレも言っているように、むしろぼくのほうが100匹の猫に飼われている、と言えるかもしれない」との一文からすると、どうやらモランは無類の猫好きだったようです。
- 『ジョーズ』：フランスでのタイトルは『海の牙』、すなわち丈夫なサメの歯です。ピーター・ベンチリーの同名小説を、1975年にスティーヴン・スピルバーグが映画化した有名な作品です。ジョン・ウィリアムズの音楽が全編を通して恐怖感を醸し出し、グラミー賞の映画・テレビサウンドトラック部門で最優秀賞を受賞しました。

Vendredi 13, c'est de la braise! Abracadabra!

13日の金曜日は炭火へ！ アブラカダブラ！

サタデー・ナイト・フィーバーの前の日は……

13日の金曜日は不幸の日、とはよく言われる言葉。
私たちもこの言葉を刷り込まれ、振り回されています。けれどもデマにはご用心。
ヘビの舌のような毒舌は、さっさと炭火のように熱い鍋に戻っておしまい。
明日は明日の風が吹く！

✢ Le Grand Jeu ✢
ポイント

このおまじないでは、大地と大空の間で翼が燃えて、魔女の帽子をかぶったまま、真っ逆さまに落ちる危険があります。全身全霊を集中することが肝心。

Faire un vœu
呪文

13日の金曜日は炭火へ！
魔女語：Bullare, bullare, testa inversa habeo！（3度唱える）
普通語：煮えよ、煮えよ、鍋よ、私の頭は真っ逆さま！（2度唱える）

Atmosphère, atmosphère !
演出

このおまじないは暗い夜に行います。闇夜に光るのはあなたの目だけ。目は炎のような光を放ち、刺激的な週末が始まります。炎は燃えさかり、永遠に燃え続けます。焦りは禁物。余裕を忘れないことが肝心です。

Paroles de grimoire
魔女のつぶやき

ブライシア エスト
Braisia est　炭火よ
アイセス ブライセス
Aises, Blaises !　炭火よ、助けておくれ！
ウェネリス ディエス
Veneris dies　13日の金曜日
マグヌス マライスス
Magnus malaisus　大きな不安が支配し
クイスケ カセット
Quisque casset　誰もが逃げ去って
トラカセット
Tracasset　やきもきする
ペル サタナス
Per Satanas　サタンよ
オムニア パセット アス
Omnia passet As　誰もが通り抜けていく
ゾラ カウドローネ
Sola chaudrone　鍋の前で私はひとり
スム アド カルボネム
Sum ad charbonem　鍋の近くへ行こう
ウィデオ フンデム
Video fundem　底を見れば
ベ ネ エスト
Bene est　いいものが見つかるはず
イアム エラス
Iam eras　すばらしき明日
オー マグネ マロ
O Magne Malo !　何とずる賢い者よ！

L'envol
ひとひねり

13日の金曜日に挑戦するなんて、めまいを起こしそう。行く先には地獄が待っているのでしょうか。13日の金曜日は、炭火のように熱くくすぶっています。

13日の金曜日
vendredi
13

La science infuse
おまじないのツボ

✤ **材料**：このおまじないのポイントはファッション。全身モミ
の木のような深緑の服、水のようなグリーンのネックレ
ス、エメラルドグリーンのベルト、ワインボトルのようなグ
リーンのブーツ、グリーンのネイル、ベルベットグリーン
のヘアアクセサリーでコーディネイトします。魔女の帽
子はマストアイテムです。

✤ **効果**：魔女の帽子は先が尖っていて、つばが広く、
風に飛ばされないように首のところで紐を結びます。
飛ぶ時の姿勢によって、帽子は天を向いているこ
ともあれば、地獄に向いている場合もあります。こ
のおまじないではどちらの姿勢でも結構です。

✤ **魔女の疑問（ヴォーヴェール）**：遠く離れた悪魔に会いに行くのに、
緑色（ヴェール）でおしゃれする必要はあるかしら？

ラッキーチャーム

素材：銅

惑星：金星

曜日：金曜日

カラー：グリーン

ツール：魔女の帽子

ポイント：意志、自制心、自己超克

効果：達成感、勝利、力

Secrets de sorcière
魔女の秘密

名前：エメラルドを意味する「エム
ロード」は、妖精にもつけられる愛
らしい名前。このおまじないの強
力な味方になってくれるでしょう。

Per Satanas
サタンからのアドバイス

芝居がかったこのおまじないには、役者の才能が必要
とされます。数字の13を信頼して。13は悪魔、驚異、愛、
官能を前にしてもひるまない人に翼を与えてくれます。13日
の金曜日には、熱さと寒さが入り交じり、鳥肌が立ちそう。
明日のことに考えを集中して！

Délires et atmosphères
小物をきかせて

13個のオブジェを集めましょう：
魔女の入門書、羽ペン、クマツヅラ、モミの木の枝1本、
グリーンオリーブ13個、ロウソク1本、香水、扉の鍵、
枕元に置いておく本、ヘアブラシ、彼の写真、指輪、
ひもを準備します。

おまじないの前日に、銅鍋をピカピカに磨きます。

おまじないの翌日用に、シナノキのハーブティーを用意しておきます。
土曜日の夜（サタデー・ナイト・フィーバー）の熱を落ち着かせるには、ハーブティーが一番です。

おまじないの当日は、シャネルの香水
「クリスタル・オー・ヴェルト（「緑の水」の意）」をつけて。

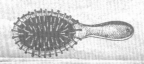

Jeter un sort! Abracadabra!
おまじないをかける！ アブラカダブラ！

❋ 呪文を暗記して、丁寧に発音します。

❋ 魔女の帽子をかぶって、背を伸ばし、堂々と登場します。

❋ 情熱的な彼に燃えるような視線を送ります。

❋ 13秒の間、視線をそらさないで。

❋ 魔女語で3度、普通語で2度、呪文を唱えます。

❋ 魔女のつぶやきをささやきます。

❋ あなたはめまいでクラクラ。
　けれどもそんなことはおくびにも出さず、優雅にお辞儀をして。

❋ あなたの帽子は地面のほうに向きます。

❋ 13日の金曜日に世界がさかさまになるって本当だったのね！

❋ 真夜中が近づいてきました。さあ、土曜日です。
　彼は「ねえ、一緒に踊ろう」と誘ってくるはず。

LE TOUR EST JOUÉ
仕上げ

　13日。ひとつ目の数字は堂々としているのに、2つ目はぎょっとするような姿。こんななぞなぞにもなりそうな1と3の数字の組み合わせは、人目を引かずにはいられません。どうしたら13日の金曜日恐怖症を克服できるのでしょう。方法は簡単。明るい明日を想像すればいいのです。鍋の前で1日を過ごすなんて気が滅入るばかり。鍋の中で考えが堂々巡りし、不安がマーマレードのようにこねくり回されて、恐怖とパニックが混ざって、不運が湧き上がってきます。弱っていく炭火は、そのまま放っておけばいいのです。ほら、サタデー・ナイト・フィーバーがやってきた！　黒いストッキングと赤いブーツ、長いスカートを履いて、踊りましょう！

13日の金曜日は炭火へ

闇がすりつぶされ

赤が見えてくる

熱を帯びた土曜日の前

夜のクモは希望の印

Le fin mot de l'histoire
魔女の独り言

　「13日の金曜日は炭火へ！」。13日の金曜日は神秘的で不吉で、不安になる、という人もいるでしょう。しかし「炭火へ！」という言葉は、「そんなものは捨ててしまえ」を意味し、どんなプレッシャーをも跳ね返します。

TENTATION
おいしい誘惑

　爽やかな香りのミントティーと、「魔女の指」と呼ばれるペストリー〔ハロウィンなどで食べる、指の形をした甘い焼き菓子〕の組み合わせは、見た目もインパクト大。きっとほっとひと息ついて、身も心もほぐれるでしょう。13日の金曜日には、もしかするとこうした意外な面もあるのかもしれません。13日の金曜日がどんな日であれ、明日は必ずやって来るのです。

Bouillon de culture...
de sorcière
魔女の教養

13日の金曜日の伝説で重要な役割を果たしているのは、
ほかならぬ教皇グレゴリウス13世。果たして13日の金曜日は不吉な日なのでしょうか。
それとも幸運の日なのでしょうか。

Le goût de l'Histoire
歴史はお好き?

- 13日の金曜日：1582年、グレゴリウス13世（偶然の数字の一致?）はグレゴリオ暦を導入しました。グレゴリオ暦では、13日の金曜日の出現回数が多くなります。昔からこの日は、幸運の日、あるいは危険な日と考えられてきました。

- 3月13日金曜日：2020年のこの日、フランスでは日付が変わる少し前に、エマニュエル・マクロン大統領がコロナ対策の一環として、外出制限令を発表しました。この日を境に、人々はそれまでとは全く違う生活を強いられるようになったのです。

- 13世代：「そなたらの13世代先まで呪われよ!」とはジャック・ド・モレーの言葉。14世紀初め、テンプル騎士団総長だった彼は、フランス王フィリップ4世から迫害を受け、火あぶりの刑に処せられました。

L'esprit des mots
言葉遊び

アメリカ映画『12人のパパ』（2003年）の原作は、1948年のベストセラー書籍『一ダースなら安くなる』。映画も書籍も英語のタイトルは Cheaper by the Dozen、フランス語のタイトルは「13個で12個分の値段」です。物語に登場するのは、ニュージャージーに住むリリアン・モラー＆フランク・バンカー・ギルブレス夫妻、6人の娘と6人の息子。続編の『続 一ダースなら安くなる』のフランス版のタイトルは『6人の娘の結婚』です。

Signature
小道具

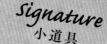

魔女の帽子：円錐型の帽子で、つばの幅は20cm。ベルベット、レザー、毛皮など好みの素材で手作りすることもできます。魔女の帽子は、人に貸すことのできない自分だけのものであることを忘れずに。

Mythes et légendes
神話と伝説

魔女の帽子にはどのような由来があるのでしょう。この帽子は円錐型で、たいていグリーンか赤か黒です。角のような形は、悪魔から来ているのかもしれません。魔女と関係の深い異端者たちもかぶっていた帽子ですが、その昔学校でいうことを聞かない子どもがかぶらされていた「ロバの帽子」も、もとをたどればこの魔女の帽子に行きつきます。

13人：悪魔崇拝の儀式では、悪魔1人と魔女12人が集まります。魔女の中には愛と豊穣を司る古代の女神フリッグもいます。

北欧神話に登場する死と勝利の神オーディンは、あるとき12人の神々を食事に招待しました。しかし戦と悪の神ロキは、招かれてもいないのに押しかけました。愛の神バルドルはロキを止めようとしますが、矢を放たれ、命を落としてしまいました。

13は、スカンディナヴィアでは縁起の悪い数字とされていますが、中国の一部では命とゆかりのある数字と信じられています。

Littérature et culture
文学と文化

- 『サタデー・ナイト・フィーバー』（1977年）はジョン・バダム監督、ジョン・トラボルタ主演のアメリカ映画。ブルックリンで死ぬほど退屈な生活を送っている若い男性の話です。ペンキ屋で働く彼は、誰もが知るディスコ2001オデッセイで踊りあかすときだけ、輝きを放つのです。
- 『13日の金曜日』はショーン・S・カニンガムによる、アメリカのホラー映画シリーズです。
- イギリスの小説家ダニエル・デフォーの『ロビンソン・クルーソー』には、フライデー〔金曜日〕という名の人物が登場します。

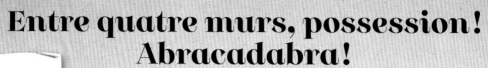

Entre quatre murs, possession!
Abracadabra!

彼は私だけのもの！ アブラカダブラ！

2人の4つの手を重ねて！

雨戸を閉めて、カーテンを引き、部屋に閉じ込めておけば、
彼は私だけのもの。けれども彼は自分の状況がわかっているのかしら。
時は過ぎ、秘密の手帖、木の十字架、鉄の十字架はページや
数字と競います。さあ、ロマンスの始まりです。

⊹ Le Grand Jeu ⊹
ポイント

あなたはキューピッドに夢中。半分人間、半分神のキューピッドは、偶然か必然か、あなたの前に現れました。彼の魅力に抗うことなんてできません。運命なのですから。

FAIRE UN VŒU
呪文

彼は私だけのもの！

魔女語：Tournepagines, tournetestam, pedes et manus legati（3度唱える）

普通語：秘密の手帖、頭はクラクラ、足と手は縛られる
（2度唱える）

Paroles de grimoire
魔女のつぶやき

Per Satanas　サタンよ
Abole temporem　私の頭をかき回す
Ante Vacillum　彼の前で
Spiritum　時を止めて
Quo ignit　彼はこの頭と
cervellem meam　感覚に
Et meos senses　火をつける
Sanguine Salamandrae　サラマンダーの血
Et caulis lacertidae !　トカゲのしっぽ！
Tourneboule eius corporem　彼の体を惑乱させて
Tournat in cerclum　彼が壁に囲まれて
Intra muros meos　堂々巡りするように
Omnius ad mei　彼は私だけのもの
Ad vitam aeternam !　アド・ウィタム・アエテルナム！

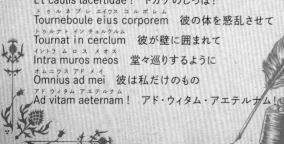

Atmosphère, atmosphère !
演出

派手なワンピースに身を包んではつらつとしたあなたは、象牙の塔に閉じ込められた太陽のよう。彼は暗い想念に気がふさいでいるのでしょうか。とんでもない！ 暗い欲望、木の香り、何も書かれていない古い紙。とりつかれているのは、彼？ それともあなた？

L'envol
ひとひねり

空のように澄んだ彼の目にじっと見つめられるなんて、まさに魔法。彼は悪魔が宿ったように恋をし、閉じ込められたまま愛をささやきます。あなたの人生のページを綴りましょう。

La science infuse
おまじないのツボ

❖ **材料**：おしゃれに気を配って。神に仕える巫女のようにすらりとして、柔らかなラインを描く体のライン。それを強調する服。馬のように艶のある髪。無造作に結んだポニーテール。四つ葉のクローバーの指輪。ページをめくるしなやかな手は、視線をくぎづけにします。

❖ **効果**：このおまじないのカギはあなたの体。あなたは彼のタイプの女性なのかしら。あなたを食い入るように見つめて、すぐに抱きしめようとしたら、作戦成功です。この成功をもたらしてくれたのは、秘密の手帖、手作りの本、古い紙、何も書いていないページあるいは何かが書かれているページ。真っ白なページが不安なら、言葉の魔力に頼ってみましょう。

❖ **魔女の疑問**：心は晴れ晴れとしているのに、秘密の手帖に頼る必要はあるかしら？

ラッキーチャーム

素材：金、銀
惑星：水星
曜日：水曜日
カラー：シルバー、ゴールド
ツール：秘密の手帖
ポイント：想像、オープンマインド、
　　　　　好奇心
効果：成功、
　　　コミュニケーション能力、
　　　クリエイティビティ

Per Satanas
サタンからのアドバイス

このおまじないにはちょっとした工作のセンスが必要です。けれども、閉じ込められていては、魔法の世界を作りだすのさえ、ままならないでしょう。がんじがらめで身動きできない、なんてことだけは避けたいもの。このおまじないをマスターすれば、瞬く間に彼はあなたのものになります。

Secrets de sorcière
魔女の秘密

名前：「カリスト」という名前なら、おまじないの成功は間違いなし。カリストという音は、『書法＝美しい書』という言葉に通じるからです。

Délires et atmosphères
小物をきかせて

魔女の植物を集めましょう。魔女のハーブことニガヨモギ（*Artemisia absinthium*）、
穴だらけのハーブことセイヨウオトギリ（*Hypericum perforatum*）、
魔女のミルクとか雄ヤギのハーブと呼ばれるクサノオウ（*Chelidonium majus*）。
これらのハーブを乾燥させて、秘密の手帖のしおりとして使います。

✸

おまじないの日は、ドアに鍵をかけ、その鍵をベルトに通して、
2人きりで閉じこもります。

✸

セイヨウメシダ（*Athyrium filix-femina*）を1本摘んで、身につけます。
この植物には異性を惹きつける力があります。

✸

香水ブランド、ウビガンの
「フジェール・ロワイヤル（「高貴なシダ」の意）」を彼に贈りましょう。

Jeter un sort! Abracadabra!
おまじないをかける！ アブラカダブラ！

✣ 呪文を暗記して、丁寧に発音します。
✣ 鮮やかなグリーンや蛍光ピンクなど、派手なワンピースを選んで、彼の目を引きます。
✣ ベルトに手をかけ、鍵を取り出します。
✣ 熱い視線を彼に向け、その心に火をつけましょう。
✣ フジェール・ロワイヤルを彼にしゅっとひと振りします。
✣ 数字をひとつ選んで。秘密の手帖のその数字のページを開きます。
✣ 魔女語で3度、普通語で2度、呪文を唱えます。
✣ 魔女のつぶやきをささやきます。
✣ 偶然に選んだ数字のページを彼に見せ、彼を魅了します。
✣ 彼から目を離さないで。
✣ 彼は戸惑い始めます。
✣ 彼の頭は混乱しています。
✣ 秘密の手帖に秘められた魔法が、彼の炎をかき立てます。
✣ 遠回りすることなどありません。2人だけの空間が広がります。

LE TOUR EST JOUÉ
仕上げ

四方を囲まれた空間に2人きりで閉じこもるというのは、いわば賭けのようなもの。リラックスできれば最高ですが、狭苦しくて息が詰まりそうになることも。居心地がよければ、魔法が効いているということで、空間、花、空の色が広がります。

とりあえずは、4つ星ホテルで四方を囲まれて過ごすのが妥当でしょう。成功のカギは彼の目を引くこと。まぶしいほどのおしゃれをして、日常とは違うフレグランスをまといましょう。そして秘密の手帖に書き込んだ文章を、イントネーションと呼吸に気をつけながら、読み上げます。大切なのは想像力。2人の力が合わさり、4つの手が重なって、魔法が功を奏します。

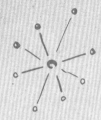

彼から目を離さない
四方を壁に囲まれて
彼は私だけのもの
アブラカダブラ！
私の心を痛めつける
その兜を脱いで
決意
そして誘惑
四方を壁に囲まれて
アブラカダブラ！

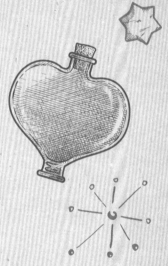

Le fin mot de l'histoire
魔女の独り言

「四方を壁に囲まれて、彼は私だけのもの」、つまり彼は牢獄にいます。けれどもそれは黄金の牢獄。足りないものなど何ひとつなく、お金もたっぷりあります。けれども牢獄は、「翼をもがれる」のと同じことでもあります。どうしたら飛び立つことができるのでしょうか。

TENTATION
おいしい誘惑

スープ皿にレッドフェザークローバーのポタージュ（p188参照）を注ぎ、小さなテーブルの上に置きます。これは、彼をあなただけのものにして、恋の悩みや、「どうしたら4つになれる（＝身を粉にする、力を出しきる）か」といった疑問を解決してくれる魔法のスープです。定番のお菓子キャトルキャール〔等分の4つの材料で作るパウンドケーキの一種〕を用意して、音楽をかければ完璧。ワルツは3拍子、なんて細かいことは気にせずに、4拍子で踊りましょう。

Bouillon de culture… de sorcière
魔女の教養

かつてローマ数字では、4はⅣではなくⅢⅠと記されていました。極東では4は縁起の悪い数字。一方、フランス語には4を使ったさまざまな言い回しがあります。「四方を壁に囲まれ」たらドキドキするでしょうか。それとも最悪の気分になるでしょうか。歴史をひもとけば、魔女たちは閉じ込められるどころか、もっとひどい目に遭ってきたことがわかるでしょう。

MALLEVS MALEFICARVM, MALEFICAS ET EARVM hæresim frameâ conterens, EX VARIIS AVCTORIBVS COMPILATVS, & in quatuor Tomos iuste distributus; QVORVM DVO PRIORES VANAS DÆMONVM versutias, præstigiosas eorum delusiones, superstitiosas Strigimagarum cæremonias, horrendos etiam cum illis congressus; exactam denique tam pestiferæ sectæ disquisitionem, & punitionem complectuntur. Tertius praxim Exorcistarum ad Dæmonum, & Strigimagarum maleficia de Christi fidelibus pellenda; Quartus verò Artem Doctrinalem, Benedictionalem, & Exorcismalem continent.

TOMVS PRIMVS.

Indices Auctorum, capitum, rerùmque non desunt.
Editio nouissima, infinitis penè mendis expurgata; cuique accessit Fuga Dæmonum & Complementum artis exorcisticæ.

Vir siue mulier, in quibus Pythonicus, vel diuinationis fuerit spiritus, morte moriatur. Leuitici cap. 10.

LVGDVNI,
Sumptibus CLAVDII BOVRGEAT, sub signo Mercurij Galli.
M. DC. LXIX.
CVM PRIVILEGIO REGIS.

Le goût de l'Histoire
歴史はお好き？

- 「四方を壁に囲まれる」とは、牢獄を連想させます。その昔、魔女たちには厳罰が下されて、無期懲役刑に処されることも珍しくありませんでした。それでも命が奪われることはなかったのですが、15世紀に魔女狩りが始まると、肉体的な責め苦が加えられるようになります。1484年には教皇インノケンティウス8世が勅書『限りなき願いをもって』を発布し、魔女は異端であるとして、「ルシファーの罪に次いで、魔女の罪はあらゆる罪よりもさらにたちが悪い。(中略) 魔女は他の異端者のように無期懲役に処すのではなく、死に処すべきである」と説きました。
- 「4×100ページ」：2年後の1486年、ケルン大学長ヤーコプ・シュプレンガーとザルツブルク大学の神学教授でインスティトーリスことハインリヒ・クラーマーは、400ページからなる『魔女に与える鉄槌』を発表しました。この本には、魔女を見分ける方法が書かれており、1600年までにじつに26回も版を重ねました。

Littérature et culture
文学と文化

フランスのロック歌手ジョニー・アリディの『四方の壁』(2012年11月) には、こうあります。「君のまわりの4つの壁、壁のせいで君に腕を貸すことができない、毎日僕は十字を切ってあきらめる、君のまわりの4つの壁」

Mythes et légendes
神話と伝説

4：極東では、4は混乱を巻き起こす不吉な数字と考えられています。中国、台湾、日本、韓国の東アジア4か国では、4はとても恐れられていて、エレベーターに4階がない建物もあるくらいです。

　逆に中央アメリカでは、物事の基準となる数字とされています。現地に伝わる大地の4つの時代、四季、4つの人種、4つの血液型、4方向、（種族によって異なる）4つの原色、テリトリーを区切る4つの山、ピラミッドの4面、力を象徴する4つの動物──クマ、ワシ、ネズミ、野牛──です。

✤

　数秘術では、4は実現を象徴する数字とされています。

L'esprit des mots
言葉遊び

「4つのピンで引っ張られる」：
とてもエレガントにおめかしする。

✤

「4スー〔スーは18世紀まで使われていた硬貨のひとつ〕」：
取るに足りないこと。

✤

「髪を4つに切る」：とても細かいことにこだわる。

✤

「4つになる」：身を粉にする。

✤

「4人いるかのように食べる」：
人食い鬼のように食べる。

✤

「4つの木曜日がある週」：
絶対にありえないこと。

Signature
小道具

　秘密の手帖とは想像上の手帖のこと。自然なベージュ色の厚紙でできていて、書見台に置きっぱなしにしてもよれません。ページは白紙のこともあれば、何か書かれていることもあります。ページをめくると美しい文字や数字が。書かれているのは格調高い文章ばかりです。

Sirop des cinq racines
5つの根のシロップ

オオカミのような食欲

魔法の効果

5つの根のシロップはいいことずくめ。等分に配合された5つの植物の根はそれぞれ重要な働きをし、昔から重宝されてきました。たとえばセロリは、9世紀のカール大帝御料地令〔8世紀のカール大帝が出した法令で、国の料地の管理や運営についての詳細な規定〕でも、修道院で栽培すべき約100種類の植物のひとつとして言及されています。このシロップは強壮効果や利尿効果があり、血流を刺激して消化を助け、食欲を増進させます。オオカミのように貪欲に食べることを楽しみましょう。

材料（6人分）

セロリの根　100gv
フェンネルの根　100g
パセリの根　100g
ナギイカダの根　100g
ワイルドアスパラガスの根　100g
砂糖　1kg
レモン汁　1個分

所要時間

準備時間：2時間
漬け込み：16時間
調理：1時間
計：19時間

作り方

❶ 5種の根を洗う。

❷ 鍋で1.5リットルの湯を沸かす。

❸ 鍋を火から外して、根を入れ、ときどきかき混ぜながら、12時間漬け込む。

❹ 清潔なふきんで濾して、液体をとっておく。

❺ 500ccの湯を沸かし、もう一度根を入れて、4時間漬けておく。

❻ 清潔なふきんで濾す。ここに砂糖とレモン汁を入れ、30分かけてゆっくりと加熱する。

❼ ④を少しずつ加え、さらに30分加熱して、とろりとさせる。

❽ できあがったシロップを瓶に入れる。

La parenthèse enchantée
閑話休題

フェンネル（*Foeniculum vulgare*）の根は白っぽく、先が尖った円柱形です。地中海盆地におなじみの食材で、いくつもの変種があり、葉が重宝されるものもあれば、油用に栽培されているものもあります。またフェンネルのはちみつ漬けは、とくに子どもによいとされています。

Cornues & alambics
霊験あらたかな液体

5つの根のシロップの魔力を引き出すには、「5」にこだわって、スターター、メイン、チーズ、デザート、コーヒーと5品からなるフルコースを合わせましょう。おなかいっぱいになること間違いなしです。シロップには食欲増進効果があるので、食前に飲めば自然とおなかがすいてくるはず。

SE METTRE AU VERT
草原でひと休み

ナギイカダ（*Ruscus aculeatus*）は、茂みに囲まれた日陰に生えます。光沢のあるサンゴ色や赤い色の実がなるので、すぐに見分けがつきます。根は食べられますが、実には毒があります。

飲めば食欲がわいてくる?

Secrets de sorcière
魔女の秘密

すり傷：ワイルドアスパラガスの学名（*Asparagus acutifolius*）のacutifoliusは、「尖った」を意味します。根を摘むときには、すり傷ができないように注意しましょう。

セロリ：セロリ（*Apium graveolens*）の根は、1年の後半に成長が進みます。

グリーン：セロリの茎の汁は、ペストリーや糖菓の緑着色料として使われます。

Important !
重要！

根を採取できなくても、粉状のものを購入できます。粉の場合、このレシピの分量はそれぞれ大さじ3です。

Cake de la fée Finette
妖精フィネットのケーキ

彼の知らない顔を見せる

魔法の効果

　シナモン、リンゴ、ハチミツの組み合わせがおいしいケーキです。どこか懐かしく、子どもの頃に耳にしたおとぎ話の世界に入り込んだ気分になるでしょう。けれどもショウガを加えると、一気に雰囲気が変わり、エキゾティックで移り気な気分になります。まだ彼の知らないあなたの面を見せましょう。

材料 (6人分)

バター　130g

クルミ　5個

ショウガの砂糖漬け　6個

リンゴ　1個

ジンジャーパウダー　小さじ半分

シナモン　小さじ1

粉砂糖　100g

卵　3個

ハチミツ　大さじ2

小麦粉　160g

ベーキングパウダー　10g

所要時間

準備：20分

寝かせ：45分

調理：50分

計：1時間55分

作り方

❶ あらかじめバターを冷蔵庫から出しておく。

❷ クルミの実を取り出し、大きめに砕く。

❸ ショウガの砂糖漬けを細かく切る。

❹ リンゴの皮をむき、さいの目に切り、ボウルに入れる。

❺ ジンジャーパウダーとシナモンを加える。

❻ 別のボウルに、柔らかくなったバターと粉砂糖を入れ、卵を1個ずつ加える。加えるごとに泡だて器で混ぜ、ハチミツを加える。

❼ ❻に小麦粉、ベーキングパウダー、スパイスを混ぜたリンゴ、クルミ、ショウガの砂糖漬けを加え、よく混ぜる。

❽ これを冷蔵庫で45分間寝かせておく。

❾ 35分したら、オーブンを210度に予熱する。

❿ ケーキ型にバターを塗って小麦粉をはたき、❽を入れて5分間オーブンで焼く。

⓫ その後温度を180度に下げ、45分間焼く。

⓬ 表面に焼き色がついたら、アルミホイルをかぶせる。

⓭ オーブンから取り出し、涼しいところで冷ましておく。

Mille et une histoires
豆知識

ミツバチは2000万年も前から、花の間を行き来して花粉や蜜を集めてきました。人間が養蜂を始めたのは、わずか1万年前のこと。アッシリア人も、バビロニア人も、ネイティブアメリカンも、ハチミツが健康にいいことを知っていて、生活に取り入れていました。

Charmes et nature
魅惑の植物

ショウガ（*Zingiber officinale*）はアジア原産で、黄色みがかった白い花を咲かせます。唇弁（しんべん）はところどころ赤で、セクシーな雰囲気。ショウガに催淫作用があると言われるのもうなずけます。

Au PAYS DES MERVEILLES
不思議な食べ物

昔のアラブの商人は、愛を高めてくれるショウガを「ザンジュ」と呼んでいましたが、もともと「ザンジュ」は、ショウガのとれるアフリカ沿岸に住む人々を指す言葉でした。

Secrets de sorcière
魔女の秘密

味：リンゴは無農薬栽培のものを。皮も食べられるので、さらに味が深くなります。
クルミ：あまり細かく砕かずに、ざっくりと大きめに。
砂糖：妖精フィネットのケーキには、紅茶かコーヒーを合わせて、シナモン風味の砂糖を添えましょう。

何だか
脳みそみたい……

Important !
重要！

このケーキは前日に用意しておきましょう。
1日置くとよりおいしくなり、
リンゴとシナモンの香りが引き立ちます。

Soupe d'algues en paillettes
海藻フレークのスープ

100%ナチュラル！

魔法の効果

　海藻は成長力が強く、陸上の植物とは違い、どんな天候でも湿度でも、勝手にひとりでに生えてきます。人間はすべての海藻を利用しているわけではなく、ブルターニュ沿岸では、約20種のみが研究対象となっています。ブルターニュに生息する海藻だけでも1200種近くあり、驚くほど多様な種類があることがわかります。潮が引いた後には、海藻好きな人があちこちで海藻を集めています。ヨードをたっぷり含んだこのスープは、ダルスという海藻のとれる海辺のレシピで、自然の恵みを満喫できます。

材料 (6人分)

タマネギ　6個
バター　50g
ダルス〔海藻の一種〕のフレーク　大さじ2
小麦粉　大さじ2–3
クルトン　50g
生クリーム　大さじ3
粉チーズ　50g
塩、こしょう

所要時間

準備：15分
調理：40分
計：55分

作り方

❶ タマネギの皮をむき、輪切りにする。鍋にバターを入れ、タマネギを10分間焼く。

❷ ダルスのフレークを加え、木べらでかき混ぜ、小麦粉をふる。

❸ 水1リットルを少しずつ加え、沸騰させる。

❹ 塩とこしょうで味をととのえ、弱火で30分間煮る。

❺ クルトン、生クリーム、粉チーズを添えてサービスする。

おいしそう……

 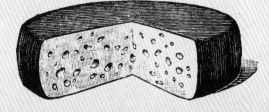

Passer à table
どうぞ、召し上がれ！

海藻は人の手を一切借りずに成長します。ナチュラルなお料理を堪能しましょう。

Alimenter la conversation
魔女の余談

海藻は健康にとてもよく、アジアでは盛んに消費されています。海辺に住む人々、とくに船乗りは海藻の食べ方を知っていて、必須のタンパク質も海藻から摂取しています。救命いかだを発明した20世紀フランスの航海士アラン・ボンバールは、海でとれるものだけに頼って何日間も漂流し、もちろん海藻もたっぷりと食べました。万が一魚の数が激減しても、食卓では海藻が補ってくれそうです。フランスは世界で7番目の海藻消費国です。

人魚だ……

Secrets de sorcière
魔女の秘密

ダルス：フランスでは自然食品店で、袋入りで売られています。赤っぽく、マイルドな味わいです。

Important !
重要！

ダルスは生で食べると歯ごたえがあり、火を通すととろりとします。魚貝類、生野菜と合わせたり、ドレッシングに加えたりと、いろいろな使い方ができます。

187

Potage au trèfle rouge
レッドフェザークローバーのポタージュ

身を粉にして努力する

魔 法 の 効 果

　このポタージュにはレッドフェザークローバー（*Trifolium rubens*）を使いますが、シロツメクサ（*Trifolium repens*）の変種、四つ葉のクローバーでも代用できます。ただし見つかればの話ですが。あちこちで植物が芽吹く春なら、四つ葉のクローバーを見つけられるかもしれません。言い伝えによれば、クローバーの葉はそれぞれ特定の宝と結びついているとか。1枚目の葉は希望、2枚目は信念、3枚目は愛、4枚目はチャンスです。彼のためにこのポタージュを作るなら、4つになる（＝身を粉にする）甲斐もあります。

材料 (4人分)

レッドフェザークローバー　4つかみ

ブイヨン　1個

バター　20g

大麦粉　60g

牛乳　100 cc

卵黄　1個

塩、こしょう

所要時間

準備：10分

調理：20分

計：30分

作り方

❶ クローバーを洗う。

❷ シチュー鍋で湯1リットルを沸かし、ブイヨンを入れる。

❸ 別の鍋でバターを溶かし、大麦粉を入れてかき混ぜる。

❹ 牛乳を入れ、弱火で10分間かき混ぜ、ベシャメルソースを作る。

❺ ④のソースを②のスープに入れ、よくかき混ぜる。

❻ クローバーの葉と花を加え、10分間煮る。

❼ 卵黄を泡だて器でかき混ぜる。鍋を火から外し、卵黄を混ぜ、塩、こしょうで味つけし、温かいうちにサービスする。

La parenthèse enchantée
閑話休題

レッドフェザークローバーには、シロツメクサ（Trifolium repens）、ハクモウアカツメクサ（Trifolium striatum）、シャグマハギ（Trifolium arvense）といった同属植物があります。シャグマハギにはたくさんの蕚〔花の最も外側の部分〕があり、葉が長細く、「ウサギの足」とも呼ばれます。

Alimenter la conversation
魔女の余談

イタリア語で「クアドリ・フォリオ」は、四つ葉のクローバーを指しますが、アルファロメオの高級モデルのシンボルマークにも使われています。1923年、ウーゴ・シヴォッチは自動車レース第14回タルガ・フローリオ直前に、レーシングチームのパイロットに、幸運のお守りとしてこのシンボルを贈りました。こうしてマメ科植物であるクローバーは、アルファロメオのレーシングマシーンや高パフォーマンス車種の象徴となったのです。

SE METTRE AU VERT
草原でひと休み

レッドフェザークローバーは多年植物で、茎はつる性のものと直立しているものがあり、肥沃な草原、日当たりのよい森、道端などに生えています。三裂の葉は全縁の楕円形小葉で、たいてい斑があります。花は赤紫で、茎の先端で幅広の球状あるいは楕円状の花がたくさん咲いて、いい香りがします。

Secrets de sorcière
魔女の秘密

果汁：レッドフェザークローバーの花には、キャンディーのように甘い汁が含まれています。
レッドフェザークローバーの葉：生でも火を通しても食べることができます。
粉：食糧が不足していた時代、アイルランドやスコットランドでは、クローバーの花を粉末にして、小麦粉の代わりにパン作りに使っていました。
記録：四つ葉のクローバーの葉は4枚。けれども5枚、さらには6枚の葉を持つクローバーもあり、最高記録は21枚です。

大きなぼくたちは、4つじゃなくて10になろう！

Important !
重要！

トリフォリウム・アルピヌム（Trifolium alpinum）は山岳地帯で摘むことができます。根は甘草の味がして、オーヴェルニュ地方では「アルゲリシュ（甘草）」と呼ばれています。心ゆくまで甘い味わいを楽しみましょう。

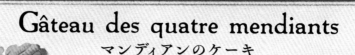

Gâteau des quatre mendiants
マンディアンのケーキ

貪欲に健康を追求する

魔法の効果

　マンディアンとは、ドライイチジク、レーズン、アーモンド、ヘーゼルナッツの組み合わせ。フランス語で「物乞い」「托鉢修道士」の意もあります。ドライフルーツがベースのこのレシピは、病気予防の心強い味方。4つのドライフルーツにはリン、マグネシウム、ビタミンEなど、栄養がたっぷりと詰まっています。これらの栄養素はフリーラジカル〔通常は一対になっている電子が不対になり、不安定な状態の原子や分子〕を中和して、動脈硬化、がんを防ぎ、細胞の老化を遅らせるなど、体を守ってくれることがわかっています。まさに健康維持にはぴったりの食材。貪欲に健康を追求しましょう。

材料 (6人分)

アーモンド　50g

ドライイチジク　50g

レーズン　50g

ヘーゼルナッツ　50g

牛乳　150 cc

卵　3個

小麦粉　180g

溶かしバター　100g、型用少々

砂糖　75g

ベーキングパウダー　10g

所要時間

準備：20分

冷やし：1時間

調理：45分

計：2時間5分

作り方

❶ ボウルで牛乳と卵を混ぜる。

❷ 小麦粉、溶かしバター、砂糖、ベーキングパウダーを加える。

❸ ダマのない均一な状態になるまで混ぜる。

❹ 冷蔵庫で1時間冷やす。

❺ 型にバターを塗る。④の生地と、アーモンド、ドライイチジク、レーズン、ヘーゼルナッツを混ぜる。

❻ 生地を型に流し込み、180度のオーブンで45分間焼く。

ちょっとした
エクササイズを
取り入れれば
完璧！

La parenthèse enchantée
閑話休題

バラ科のアーモンド（*Prunus amygdalus*）、クワ科のイチジク（*Ficus carica*）、ブドウ科のレーズン（*Vitis vinifera*）、カバノキ科のヘーゼルナッツ（*Corylus avellana*）を使ったこのケーキは、その色が4つの托鉢修道会の修道服を思わせることから、マンディアンのケーキと呼ばれるようになりました。アーモンドはドミニコ会のベージュ、イチジクはフランシスコ会のグレー、ヘーゼルナッツはカルメル会の茶色、レーズンはアウグスティノ会の濃い色の服、というわけです。

SE METTRE AU VERT
草原でひと休み

花が早期に開くアーモンドの木は自然の再生のシンボルと考えられています。中央アジア原産で、エジプト、さらにギリシャ、イタリア、スペイン、そしてガリア〔ほぼ現在のフランス〕へと伝播しました。生物学的には桃の木にとても近い種で、桃のようなグリーンの核果がなります。皮は薄く、固く、乾燥しており、熟すと割れて、核が出てきます。この中に1個ないしは2個のアーモンドが入っているのです。

Cornues & alambics
霊験あらたかな液体

このケーキには5つの根のシロップ（p182参照）がおすすめ。シロップが滋養に富んでいるのはもちろんですが、幸運を運ぶ数字9につながるからです。つまり5つの根＋4つのドライフルーツで9。まさに錬金術です！

Important !
重要！

ヘーゼルナッツは60％が脂肪性物質で、100gで657キロカロリーととても栄養価が高い食べ物です。つまりこのケーキを心行くまで楽しみたいと思ったら、食事は軽めにしないと、ダイエットに響いてしまいます。「物乞い」のケーキとはいえ、とてもリッチなのですから！

Secrets de sorcière
魔女の秘密

マンディアン：数種類のドライフルーツを使ったお菓子を、マンディアンと呼びます。
杖：ヘーゼルナッツの木は、魔女や魔法使いの杖づくりに使われます。魔法の杖には、水に反応する性質があるため、水脈を探し当てるときに使われます。
アーモンド：悪天候にもびくともしないアーモンドは、不死の象徴です。

Le 44
リキュール44

彼は数学の天才？

魔法の効果

　名前からして好奇心を誘うリキュールです。しかも4という数字があちこちに出てくるので、錬金術師や魔術師の魔法陣とも関係がありそうです。占星術では、4は整然とした人に関係する数字。だからといって想像力あふれる放埒さと無縁なわけではなく、模範的で厳しいのに魔がさしてしまった中年の父親や、慎み深かったのに奔放に変身する女性にも、4という数字が関係しています。リキュール44にはくれぐれもご用心！

材料（1リットル分）

無農薬栽培のオレンジ　1個
コーヒー豆　44粒
角砂糖　44個
カルヴァドス酒　1リットル

所要時間

準備：10分
漬け込み：44日
計：44日

作り方

❶ オレンジを洗い、水をふき取る。44か所に切り込みを入れ、コーヒー豆44粒を差し込む。
❷ ガラス瓶に角砂糖を44個入れる。
❸ その上にオレンジを置き、カルヴァドス酒を注ぐ。
❹ ふたを閉め、軽く振る。
❺ 乾燥して光の当たらない場所に44日間置いておく。ときどき瓶を振るのを忘れずに。

Passer à table
どうぞ、召し上がれ！

このレシピには4が何度も登場するので、覚えるのもとても簡単。おしゃれな食後酒として楽しみましょう。

Alimenter la conversation
魔女の余談

＋44はイギリスの電話の国番号。アメリカのロックグループの名前でもあります。とはいえ、リキュール44とは何の関係もありません。このリキュールに使われるカルヴァドス酒は、リンゴから作られるノルマンディーの蒸留酒で、リキュール44はイギリスやアメリカでとても人気があります。リンゴは10月から11月にかけて収穫され、まずシードルが作られます。カルヴァドス酒用のシードルは7～8か月かけて発酵したのち、蒸留されます。蒸留とは蒸留器を使って熱をかけ、水とアルコールを分ける作業です。液体が蒸気となり、これを冷却するとカルヴァドス酒になるのです。

Secrets de sorcière
魔女の秘密

アルコール度70%：蒸留を経たカルヴァドス酒のアルコール度は70%。これをオーク樽に入れて、熟成させます。

フィーヌ：カルヴァドス酒の中でも、6年間熟成したものをフィーヌと呼びます。色が濃く、琥珀色の光沢があり、まろやかで、複雑なアロマで、とても余韻の長い味わいです。

Important !
重要！

44日間漬け込んでいる間は、決して瓶を開けないように。

第 7 章

Les couleurs,
un porte-bonheur !
幸せを運ぶ色

Bleu, bleu, le ciel de tes yeux! Abracadabra!

青、青！空のような青い瞳！アブラカタブラ！

天にも昇る心地

なんてこと！彼の目はきらきらと光り、髪はぼさぼさ。まるで青い天使が舞い降りたかのよう。
そんな彼に暗い視線を送っても、怒っても、絶望しても、相手は動じません。
泰然とした彼が夢見るのは、大恋愛と天にも昇る幸福なのです。

✦ Le Grand Jeu ✦
ポイント

このおまじないはクセになるかもしれません。あなたが天使だろうと悪魔だろうと、頭が青空のように澄み渡り、雲ひとつないことこそが肝心なのです。

FAIRE UN VŒU
呪文

青、青！空のような青い瞳！
魔女語：Vertigo amoros, craignos（ウェルティゴ アモロス クライグノス）（3度唱える）
普通語：愛のめまいには惑わされない（2度唱える）

Atmosphère, atmosphère !
演出

仮面をかぶるこのおまじないでは、体のライン、髪、青と黒のワンピース、ジュニパーの香りが決め手。あなたの顔は見えないので、声はあくまでセクシーに。幸せが頂点に達したときに仮面を外せば、完璧な魔女の登場です。

Paroles de grimoire
魔女のつぶやき

Per Satanas（ペル サタナス） サタンよ
Exquatare ista stringera（エクスクアタレ イスタ ストリンジェラ） 重い苦しみや
Torpores et craignos（トルポレス エト クライグノス）
無気力や恐怖を遠ざけて
Angelus glaucus est（アンジェルス グラウクス エスト）
私を空に連れていってくれるのは
Qui temptat me cum cælo（クイ テンプタト メ クム カエロ） 青い天使
Dimittet me septuo cælo（ディミテト メ セプトゥオ カエロ）
天使は私を天にも昇る気持ちにしてくれる
Praesenteram Lucifer（プラエセンテラム ルシフェル）
あの人にルシファーを会わせよう
Dentes mea matricae（デンテス メア マトリカエ） ママの歯！
Et Rastaqueras !（エト ラスタクエラス） ペテン師！

L'envol
ひとひねり

ブルーな気持ちにさようなら！愛の女神アフロディテが貝に乗って連れていかれたキュテラ島に、私たちも出発です。魔女の仮面をかぶり、月の石のペンダントをかけて、地上に別れを告げ、天へと昇りましょう。

La science infuse
ふまじないのツボ

❀ **材料**：このおまじないに必須なのは魔女の顔をした仮面。仮面の表情はひとつだけ。柔らかい厚紙でできていて、頭の後ろで紐を縛って留めます。大きな鉤鼻、赤い頬、歯の抜けた微笑み、強くどこか狂気を感じさせるまなざし。仮面は自分でも作れます。必要な材料は厚紙、絵具、ゴム、そして想像力です。

❀ **効果**：魔女の仮面とはいえ、いかめしすぎる感じなら、魅力をまき散らして彼を誘惑しましょう。

❀ **魔女の疑問**：魔女の仮面はどうしても必要？ 天にも昇る幸せは約束されているのに……。

ラッキーチャーム
素材：鉛
惑星：土星
曜日：土曜日
カラー：黒
ツール：魔女の仮面
ポイント：大胆、粘り強さ、官能
効果：成功、満足感、幸福

Secrets de sorcière
魔女の秘密
名前：「ルナ」ならおまじないが成功する確率大。というのも、幸福感でいっぱいになって天に昇るときには、必ず月を通るからです。

Per Satanas
サタンからのアドバイス

　このおまじないには厚かましいほどの大胆さが必要とされます。気になるあの人に挑むなんて、気後れしそう。あなたの目は青々と輝き、天空で翼を失った天使のよう。けれども魔女の仮面をかぶっていれば、いやでも鉤鼻が目立ち、微笑むと欠けた歯が見えます。そんなあなたは強力なオーラを放ち、無限の魔力を秘めています。天にも昇る幸福を味わうのに、これ以上心強い味方はいません。

CATNIP
Nepeta cataria L.

Délires et atmosphères
小物をきかせて

官能を高めるクマツヅラ（*Verbena officinalis*）、
惹かれ合う力を生み出すバジル（*Ocimum basilicum*）、
メス猫の愉悦を高め、貪欲なオス猫を刺激する猫のハーブこと
セイヨウカノコソウなど、庭に愛の植物を植えましょう。

おまじないの日には、青い服を選びます。
できれば、愛らしいツバメのように青と黒を組み合わせて。
スパイシーでクラクラするようなジュニパー
（*Juniperus communis*）の香りをまといます。

胸元には星形のムーンストーン、
指にはアクアマリンの指輪を。
青みがかった白い輝きが月を連想させ、
早くも天にも昇るような気持ちになるでしょう。

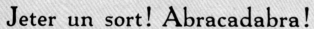

Jeter un sort! Abracadabra!
おまじないをかける！ アブラカダブラ！

✳ 呪文を暗記して、丁寧に発音します。

✳ 魔女の仮面をかぶります。

✳ 夜のようなダークブルーのワンピースが彼を刺激して、千夜一夜物語の世界が広がります。

✳ 指でムーンストーンに触れます。

✳ 突然、アクアマリンの指輪の力が働いて、あなたに青い花のような雰囲気を添えます。
　　そのメランコリックな姿が、彼の欲望を誘います。

✳ 魔女語で3度、普通語で2度、呪文を唱えます。

✳ 魔女のつぶやきをささやきます。

✳ 魔女の仮面をかぶったまま、魔力のこもったまなざしを彼に向けます。

✳ まなざしは彼の心に刺さります。

✳ 青い目をした天使はどこにいるのでしょう。

✳ 天使は遠く遠く離れたところにいます。彼はあなたの人生の上にかかる天空なのです。

✳ 深く青い闇夜のなかで、彼は「これこそが愛」と口ずさみます。

LE TOUR EST JOUÉ
仕上げ

おまじないが効いて、空が降りてきました。まさに魔法の効果です。天空はサファイアのように青く、あなたの目を輝かせ、抱き合う2人の口からは愉悦の声がもれます。

ひと目ぼれは視線から。その視線が夏空のような澄んだ青なら、成功間違いなし。青以外の目の色でも、幸せが約束されていることに変わりはありません。過ぎ行く瞬間を生きることが、人生を楽しむコツ。一瞬をつかんで、自分のものにしましょう。不幸な暗い色に別れを告げて。幸せは青と共に始まります。

彼の腕の中で
天にも昇る気持ち
アブラカダブラ！
彼の口づけこそが
魔法
彼の瞳は
紺碧
愛の色は
青に違いない

Le fin mot de l'histoire
魔女の独り言

「青、青！ 空のような青い瞳！」という呪文は、フランスの歌手シャルル・アズナヴールとエディット・ピアフが歌った曲を連想させます。「君の瞳は青よりも青い、空よりも青い、こんなにすてきなものは見たことがない」

TENTATION
おいしい誘惑

テーブルに空のように青いクロスを敷いて、青いリモージュ焼きのキャンディーボックスを置きましょう。ふたを開けると、青いマシュマロが入っています。甘いマシュマロは懐かしい味。甘さを楽しんだら、ふたを閉じます。ボックスには雅びやかな恋の場面が描かれています。

それが刺激となって、マシュマロとは違う甘美な場面が頭に浮かんできます。青いキャンディーボックスは、連想と誘惑のオブジェ、官能にこそふさわしい小道具なのです。

Bouillon de culture...
de sorcière
魔女の教養

青と空は定番の組み合わせですが、青は海の色でもあり、
懐かしい気分を誘います。ここでは『青ひげ』というおとぎ話を見ていきましょう。
ただしこのお話は、完全に架空の物語というわけではなさそうです。

Le goût de l'Histoire
歴史はお好き？

歴史から物語へ……。17世紀、シャルル・ペローは歴史上
の人物にヒントを得て、『青ひげ』を書きました。その人物とは、
イングランドおよびアイルランド王ヘンリー8世（1491-1547年）。
6度も結婚して、2人の妻を処刑に追いやった人物です。
キャサリン・オブ・アラゴンと結婚していた王は、心変わりして、
アン・ブーリンと再婚します。しかしまたしても心変わりして、
1536年にロンドン塔でアンを処刑させます。3人目の妻は
ジェーン・シーモア。彼はその後も再婚を繰り返し、アン・オブ・
クレーヴス、キャサリン・ハワードを妻にしますが、キャサリンも
処刑されてしまいます。苦い経験にもかかわらず、リチャードはどう
やら「キャサリン」がお好みだったようで、3人目の「キャサリン」
（キャサリン・パー）と結婚しました。この6番目の妻は幸運にも危機一
髪のところで処刑を免れ、ヘンリーの最後の妻として知られています。

L'esprit des mots
言葉遊び

「心に青を抱える」：
苦しむ、悲しむ、憂鬱になる。

✤

「作業用の青」：
作業者の着る青い服。

✤

「青い花」：
センチメンタル、素朴な様子。

Mythes et légendes
神話と伝説

その昔、青色は「紺碧（アジュール）」と呼ばれていました。
「アジュール」はもともと、ペルシャ語で藍銅鉱（らんどうこう）（鉱
物の一種で、古代に広く使われていた）およびその色
を指します。数千年もの昔から、青は人間の身
近にあり、ファラオ時代のエジプトでは壺や小
像を彩り、ペルシャやメソポタミアでも用いられ
ました。現代は青にあふれ、ルーヴル美術館の新装オー
プンしたイスラム美術の展示室も青を基調としています。

Signature
小道具

魔女の仮面：長い鼻と、射すくめるかのような視線。魔女の仮面は、カーニバルやハロウィンで大人気です。また工作ワークショップでよく作られるオブジェでもあります。

Littérature et culture
文学と文化

- シャルル・ペローの有名なお話『青ひげ』は、1697年に刊行された『ガチョウおばさんの昔話』に収められています。お金持ちで、醜くて、恐ろし気な青ひげは、結婚してから1か月後、旅に出ます。彼は妻に城の鍵を渡しましたが、ある部屋だけは開けてはならぬと厳しく言い渡しました。けれども好奇心を抑えられない妻は約束を破って扉を開け、壁に吊るされた青ひげの妻たちの死体を目にします。

- クライン・ブルー：フランスのアーティスト、イヴ・クライン（1928–62年）の作りだした青色です。モノクローム（単色）を追求したことで有名なクラインは、群青色を取り入れて、「IKB（インターナショナル・クライン・ブルー）」と名づけました。彼は、青はほかの色とは一線を画す「次元の違う」色、と語っています。

- フランスの詩人ポール・エリュアール（1895-1952年）は、「地球はオレンジのごとく青い」との有名な言葉を残しました。

- フランスのジャーナリスト、パスカル・リモンドは『青の趣味』と題した著作の中で、青は「どの色よりも霊妙な色」であると述べています。

Blanc comme un linge, il devient Abracadabra !

リネンのように白くなれ！アブラカタブラ！

彼を染め上げる

興奮、疑惑、愛の告白。彼の頭の中は真っ白になり、枯れ葉のように震え、
声が裏返って動揺し、すっかりしどろもどろ。白目に濁りのない彼の瞳を正面から見つめ、
目に見えない白線を乗り越えるにはどうすればいいのでしょう。

✛ Le Grand Jeu ✛
ポイント

フランス語で「白いキャベツ」といえば
失敗のこと。けれども、このおまじないでは、
失敗は許されません。どんな色にも邪魔さ
れず、望遠鏡で遠い将来を見渡すことが
できれば、幸せは約束されたも同然です。

Faire un vœu
呪文

リネンのように白くなれ！
魔女語：Palis quo morte, qui exeat !（3度唱える）
　　　　バリスクオモルテクイエクセアト
普通語：死人のように青白い彼は、困難を切り抜ける！（2度唱える）

Paroles de grimoire
魔女のつぶやき

Per Satanas　サタンよ
ペル サタナス

Si volet me sic forte　白いくちばし
シ ウォレト メ シク フォルテ

Albus beccus　鶏の白肉
アルブス ベクス

Et pouletus albus
エト ポウレトゥス アルブス

彼が私のことを強く欲しがるなら

Exhibet pattas biancas
エキシベト パタス ビアンカス

白い手を見せてそれを証明して

Sacapuces　ノミの袋のようなベッド
サカプチェス

Et Barbapoucses　シラミのひげ
エト バルバポウクセス

Et vivat alba nox　白夜万歳
エト ウィワト アルバノクス

Intra brachios ejus　私は彼の腕の中
イントラ ブラキオス エイウス

Abracadabra !　アブラカダブラ！
アブラカダブラ

Atmosphère, atmosphère !
演出

彼の顔は、まるで花嫁衣裳のような青白
さ。あなたは暗い気持ちに負けている暇な
どありません。状況はきっと逆転できるは
ず。ほら、彼の顔に鮮やかな色が戻って
きました。その瞳には、純白のドレスに身
を包み、白いブーケを手にして進んでく
るあなたの姿が映っています。それは決
して幻覚などではないのです。

L'envol
ひとひねり

フランス語で「白い手を見
せる」とは、「合言葉を使う、
合図を送る」を意味します。白
い手を見せて、白いガチョウの
ようにうぶに振る舞って。けれど
も、主導権を握るのはあなた。
望遠鏡を持って、彼と2人で
未来をのぞいてみましょう！

La science infuse
ふしぎないのツボ

❖ **材料**：彼の青白い顔に色味を取り戻し、内気な性格を克服する方法はただひとつ。オペラグラスであなたのまなざしを隠すのです。あなたに見つめられるだけで、彼は我を失ってしまいます。けれどもオペラグラスがあれば、彼はあなたの射るような視線にも気後れしないでしょう。

❖ **効果**：興味津々のあなたの目はオペラグラスの後ろに隠れているのですから、彼に気づかれずに欠点を観察することができます。彼の顔の欠点のひとつひとつが20倍も60倍も拡大されて見えてきます。

❖ **魔女の疑問**：望遠鏡は本当に必要？ 彼の目に映るあなたは、永遠に最高の女性なのに……。

ラッキーチャーム
- 素材：銀
- 惑星：月
- 曜日：月曜日
- カラー：白
- ツール：望遠鏡
- ポイント：洞察力、綿密さ
- 効果：力、分析力、先見の明

Secrets de sorcière
魔女の秘密

名前：「ブランシュ」や「エルミーヌ」〔それぞれ「白」「オコジョの純白の毛皮」の意〕という名前なら、このおまじないにぴったり。あなたの純粋な面を引き立ててくれるでしょう。

Per Satanas
サタンからのアドバイス

このおまじないは白魔術系。どうして彼は、私と会うと青白くなるのかしら？ そんな疑問には、ヨーロッパシラカバの樹皮が答えてくれます。望遠鏡で彼の目をくらませれば、おまじないが功を奏して、彼の想像が膨らみます。白い花嫁、それはほかならぬあなたなのです。

Délires et atmosphères
小物をきかせて

このおまじないのポイントはヨーロッパシラカバ（*Betula pubescens*）です。ヨーロッパシラカバはカバノキ科の植物で、日光を好みます。青々とした葉も美しいのですが、まず目を引くのが、その銀色がかった幹で、霊と人間を取り持つ木と考えられています。

❀

おまじないの前日、力を高めるため、ヨーロッパシラカバを触って次の言葉を唱えましょう。「葉の茂る森で、目隠しをされた私は、最も白く、最も金色で、最もまぶしい木と出会う。それはシラカバ。まるでおとぎ話に出てくる木のよう。冬の終わりにも輝いている。ああ！ 黄色い子猫が、ランタンを灯してくれたなら、私の心には誰の姿が浮かぶだろう」

Jeter un sort! Abracadabra!
おまじないをかける！ アブラカダブラ！

❀ 呪文を暗記して、丁寧に発音します。
❀ 白い服に身を包み、色のついたネックレスをつけます。
❀ 白い高山植物、エーデルワイスの形をした指輪をはめます。
❀ 口紅、チーク、アイシャドウなどのメイクをしましょう。
❀ 白い顔色にメイクの色が生えます。
❀ 魔女語で3度、普通語で2度、呪文を唱えます。
❀ 魔女のつぶやきをささやきます。
❀ 彼に望遠鏡をのぞかせます。
❀ 人をたじろがせるようなあなたの視線は、彼には見えていません。
❀ 彼は我に返ります。
❀ 彼の頬に色味が戻ってきました。
❀ 彼はあなたに「白夜を約束するよ」とささやくでしょう。

LE TOUR EST JOUÉ
仕上げ

このおまじないをするあなたの心は必ずしも、純白で無邪気なわけ
ではありません。肉体に悪魔が宿ったかのように激しく恋をしている
のに、うぶな娘のように振る舞わなければならないのはなぜでしょう。
紙のように青白い顔色の彼に、元気を取り戻させることが、このおま
じないの目的だからです。元気を取り戻そうにも、そうそう方法があるわ
けではありません。強壮剤も効果は高いのですが、さしあたり最も確実
な方法は、白いアイテムと、彼を正面から見つめるための望遠鏡を使っ
たおまじないでしょう。

リネンのように白いあなた
我に返りなさい
頬に色味を取り戻して
アブラカダブラ！
あなたの目には見えないのかしら
真っ白な私の姿が
白いガチョウのように純粋で
カエルのように勇敢で
アーティチョークのようにあだっぽいわたしが

Le fin mot de l'histoire
魔女の独り言

「リネンのように白い」：同じ白い布でも、亡骸
を包む白い布は縁起が悪く、逆に花嫁の白な
ら幸先はよさそう。終わり（あるいは始まり）よけ
ればすべてよし、です。

TENTATION
おいしい誘惑

テーブルに白いクロスを敷いて、よく冷やした白ワイ
ンを置きます。白い陶磁器の小皿に、ホワイトチョコレー
トとココナッツのトリュフチョコレートをのせます。アイボ
リー色のココナッツには糖分がたっぷりと含まれていま
す。このおまじないは顔に血管が浮き出てきそうなほど
疲れてしまうので、糖分が不可欠です。

Bouillon de culture... de sorcière
魔女の教養

「白い帽子と白の帽子」といえば、「まったく同じこと」の意。
「白」はたくさんの言い回し、詩、おとぎ話、神話、伝説、歴史に登場します。

Le goût de l'Histoire
歴史はお好き？

　ブランシュ・ド・カスティーユ（1188–1252年）は、カスティーリャ王アルフォンソ8世とエレノア・オブ・イングランドの娘で、ルイ8世と結婚し、フランス王妃になりました。10人以上ものたくさんの子に恵まれましたが、成長したのは5人だけでした。そのひとりが聖ルイと呼ばれることになるルイ9世です。1226年にルイ8世が亡くなると、ブランシュはルイが成人する1234年まで、共同で国を統治しました。

Signature
小道具

望遠鏡：光学器具で、双眼鏡と同じく、遠くのものを見ることができます。16世紀以降、望遠鏡は船乗りや博物学者たちに必須の道具で、現在では鳥類学者や天文学者にも重宝されています

Mythes et légendes
神話と伝説

アンリ4世と白馬：「フランス王アンリ4世の白馬は何色か」は
フランスの有名なクイズ。けれども実際には「白馬」は存在せず、
淡い銀色が「白」と呼ばれているのです。

＊

ヨーロッパシラカバ：カバノキ科の植物で、シベリアの人々の
間では聖なる木とされています。シラカバは空のエネルギー
を集め、人間の望みを吸い込みます。シラカバのまわりには
光が差していて、近くにいる人は天啓を受けたり、眩惑され
たりすることがあります。フランス語ではシラカバは「ブロー」
ですが、ブラール、ビオル、ブレルとも呼ばれ、昔は生徒を
罰するための「先生の棒」として使われ、そのもっと昔の
中世には、悪魔祓いにも使われていました。

Littérature et culture
文学と文化

- 『アホウドリ』：フランスの詩人シャルル・ボードレール（1821–67
  年）の詩のタイトルにもなった大きな海鳥です。詩では、捕まえら
  れたアホウドリが「惨めな様子で白い大きな翼を、櫂のように
  両脇に降ろす」様子が描かれています。
- 『白い猫』：ドーノワ夫人（1651 ?–1705年）のお話のタイトルで、
  「世界で一番きれいな白い猫」が登場します。お話は、「猫
  のミャオという鳴き声はあまりに優しく魅力的なので、耳にす
  る人の心を打ちます。ある時、猫は王子さまに言いました。
  『王の息子よ、よくいらしてくださいました。ミャオ陛下がお
  出迎えいたします』」と続きます。
- 白い小石：シャルル・ペローの『親指小僧』では親指小僧の
  ポケットに白い小石が入っています。親指小僧と兄弟姉妹た
  ちは、貧しい木こりの親に捨てられてしまうのですが、小石の
  おかげで、道をたどって家に戻ってこられました。
- 『白雪姫』：ヤーコプとヴィルヘルムのグリム兄弟（それぞれ1785、
  86年生まれ）は、「雪のように色白の娘で、頰は血のように赤く、
  髪は黒檀のように黒かった」白雪姫の物語を記しました。

L'esprit des mots
言葉遊び

「白いキャベツ」：失敗する。

❈

「白紙の恐怖」：書くことが
何も思い浮かばなくて不安な様子。

❈

「白魔術」：神秘的存在や事柄を
信じて実践する魔術。

Rouge comme une tomate, je le mate ! Abracadabra !

トマトのような赤！優位なのは私！アブラカタブラ！

ハート型の唇！

衝撃、衝動など、心が動転すると、頬が赤く染まり、すっかりしどろもどろになってしまいます。そんなあなたを見て、彼は自分が優位に立っていると思うでしょう。ところがどっこい、彼はうぬぼれるあまり、自分の仕掛けた罠にはまってしまいます。恋心は赤い色！

✦ Le Grand Jeu ✦
ポイント

このおまじないは最初が肝心。彼がやってきたら、赤いカーペットを敷いて、おだててあげましょう。そうすれば彼は赤い欲望と赤い愛に心を囚われて、あなたの足元にひれ伏すはず。

Faire un vœu
呪文

トマトのような赤！優位なのは私！

魔女語：Rubeus désideratus, exutate vos !
（3度唱える）

普通語：赤い欲望よ、服を脱ぎなさい！（2度唱える）

Atmosphère, atmosphère !
演出

太陽のような赤いインテリア、赤いシャクヤクとパチョリの香り、そして赤い服。魔女の槌が3度打たれれば、物語の幕が開きます。愛、めくるめく官能と心。ハート形にすぼめたあなたの唇に、彼は頬を赤く染めるでしょう。まるで悪魔が味方してくれたかのように、おまじないが成功します。

Paroles de grimoire
魔女のつぶやき

Per Satanas　サタンよ
ペルサタナス

Caulis Lacertidae　トカゲのしっぽ
カウリス ラチェルティダエ

Et Grossus Bazarus　大きなトカゲ
エト グロスス バザルス

Longe mea ira　私の憤怒からは程遠く
ロンジェ メア イラ

Rubens desiderata　彼は赤い欲望を抱く
ルベンス デシデラタ

Attentionus !　気をつけて！
アテンティオヌス

Basses pattos !　私に触れないで
バセス パトス

Extradice mihi　私のために
エクストラディチェ ミ

Cordem seum　彼の心を奪って
コルデム セウム

Ad vitam ad mortem !
アド ヴィタム アド モルテム

生けるときも、死するときも！

L'envol
ひとひねり

はじめのうちこそ、真っ赤な服を着たあなたは赤ずきんちゃんのよう。でも恐ろしいオオカミはどうなってしまうのかしら。燃えるように赤い愛に心を奪われてしまうのです！

La science infuse
おまじないのツボ

❈ **材料**：彼の乱れた心を静めて、落ち着きを取り戻させるには、魔女の槌を使いましょう。といっても魔女狩りのための15世紀の文書『魔女に与える鉄槌』とは違います。魔女の槌とは、開幕前に3度打つための道具で、物語の始まりを告げています。この槌があれば、あなたを戸惑わせるほどの激しい情熱も抑えることができるでしょう。

❈ **効果**：ナイトテーブルで魔女の槌を3度打ちます。「霊よ、そこにいますか」。答えを知っているのは彼。どうやら、彼の心は愛に燃えているみたい。

❈ **魔女の疑問**：魔女の槌は本当に必要？ 彼の心はすっかりあなたのものなのに……。

ラッキーチャーム

素材：金
惑星：太陽
曜日：日曜日
カラー：黄色味のある赤
ツール：魔女の槌
ポイント：分析力、反応、
　　　　　先見の明
効果：自信、コントロール、
　　　幸せ

Per Satanas
サタンからのアドバイス

　このおまじないは情熱を燃え上がらせます。隠喩を使ったおまじないを成功させるには、愛を希求する心が必要不可欠。トマトのように赤く、欲望のとりこになって、炎のように燃え上がる彼に、愛情という油を一滴だけ注ぐにはどうすればいいのでしょう。すべては新しく生まれた激情のように、真っ赤に燃え上がります。

　まさに常軌を逸した愛！

Secrets de sorcière
魔女の秘密

名前：「マルト」や、今風に「マルタ」という名前なら、「魔女の槌（マルトー）」に音が近いので、このおまじないにはぴったりです。

Délires et atmosphères
小物をきかせて

はじけるような赤いシャクヤク（*Paeonia lactiflora*）を選びましょう。中国のピオニーとも呼ばれるシャクヤクは、かの地では愛の象徴だとか。ただし、古代ギリシャの博物学者テオプラストスのアドバイスに従って、夜に摘みます。というのも、「日中に摘んでいるところをアオゲラに見られると（中略）、目が見えなくなってしまうかもしれず、根を切ると、脱肛してしまう可能性があるから」です。後者は「肛門の弛緩」と理解すべきでしょうが、いずれにしてもこのおまじない向きではありません。シャクヤクは花瓶に生けて、ナイトテーブルに置いて、その美しさを楽しみましょう。

✿

おまじないの日は、赤い服を選んで。緋色、洋紅色、ガーネット色などさまざまなニュアンスを組み合わせます。赤の渦に、彼は目がくらんでしまいそう。

✿

ゲランの香水「アビルージュ〔「赤い服」〕」を、彼にひと吹きしましょう。とても官能的なこの香水は、馬術、とくに調教術へのオマージュとして作られました。馬に鞭をひと振り！

Jeter un sort! Abracadabra!
おまじないをかける！ アブラカダブラ！

❋ 呪文を暗記して、丁寧に発音します。
❋ 本物またはフェイクのルビーのネックレスをつけて、雰囲気を演出します。
❋ 全身赤でコーディネイトし、チーク、口紅、ネイルも赤で統一します。
❋ 黒髪に赤が映えて官能的。赤毛と赤の組み合わせは興奮を、金髪と赤はエクスタシーを誘います。
❋ 赤く染まったあなたの姿に、彼の血が沸き立ちます。
❋ 魔女語で3度、普通語で2度、呪文を唱えます。
❋ 魔女のつぶやきをささやきます。
❋ 魔女の槌を3度打ちます。
❋ 彼は手足を縛られたも同然。
❋ 彼の心も理性もあなたのもの。
❋ 彼はきっと「槌で打たれたように頭がおかしくなりそうだ。ぼくは君のものだよ」と言うでしょう。

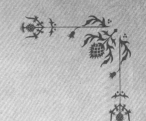

LE TOUR EST JOUÉ
仕上げ

喜びの赤、恥じらいの赤。赤はさまざまな場面に登場します。染料や政治にも「赤」がありますが、「愛」の生み出す赤は、まるでマティスの描く赤のような美しさです。

官能的な愛、激しい愛。赤のニュアンスを見分けるのは至難の業。

愛に頭がのぼせて、顔が血のように赤く染まっても、恥じらうことなどありません。恥ずかしさから頬が染まることもあれば、キスしたいあまり顔が赤くなることもあるでしょう。あるいは、喜びと感情が入り交じって頬が赤くなることも。このおまじないの強力な魔力を実感しましょう。

トマトのような赤
私はあなたを征服し
赤く染める
怜悧な計算
アブラカダブラ
愛の赤よ
永遠に赤く

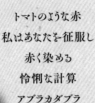

Le fin mot de l'histoire
魔女の独り言

「トマトのように赤い」の言葉とは裏腹に、完熟しても緑のままのトマトもあれば、黒いトマト（黒クリミアやインディゴローズ）、黄色いトマト（フランスでベルギートマト、サン・ヴァンサントマトと呼ばれる種類）、オレンジ色のトマト（フランスでブルゴアントマトと呼ばれる種類やオレンジロシアントマト）もあります。ニワトリのような赤〔フランス語で「興奮で顔が赤くなる」の意〕や、シャクヤクのような赤〔「恥じらいで顔が赤くなる」の意〕の表現のほうが、色が変わる心配はなさそうです。

TENTATION
おいしい誘惑

テーブルに緋色のクロスをかけ、スグリ、ラズベリー、イチゴなどレッドフルーツを盛ったグラスを置きます。このおまじないでは赤リンゴは禁物。というのも、赤リンゴはおとぎ話とのつながりが強く、『白雪姫』の毒リンゴを連想させるからです。赤いリキュールなら、彼は理性を失ってしまうでしょう。緑のときに収穫されたエキゾティックなビターオレンジを使ったオレンジリキュールはいかが?

Bouillon de culture...
de sorcière
魔女の教養

詩人アルチュール・ランボーによれば、赤はアルファベットⅠのイメージ。
フランス語で「熱狂」「内気」「熱愛」の言葉はいずれもⅠで始まります。
赤は喜び、豊穣、反逆、祝祭にまつわる色なのです。

Le goût de l'Histoire
歴史はお好き？

赤毛のエイリーク（950-1010年頃）は、赤いひげと髪のノルウェーの冒険者。殺人の罪でアイスランドを追われ、旅するうちにグリーンランドを発見しました。彼に率いられた30隻ほどのバイキング艦隊は、ファーベル岬と北極圏に定住します。エイリークは生涯この地に住み、1010年頃に伝染病でこの世を去りますが、息子レイフはヴィンランド（北アメリカ）を発見することになります。

L'esprit des mots
言葉遊び

「赤くなる」：恥じらい、感情の高まり、息苦しさ。
顔の赤さの理由はいろいろあります。アイルランドの文人バーナード・ショーは「人間は顔が赤くなる唯一の生き物だ。そもそも、何かの理由で頬を赤らめるのは人間くらいのものだ」と述べています。

❋

「赤い鉄の跡が残る」：罪の烙印を押される。

Signature
小道具

魔女の槌：本書では、想像上のアイテムですが、魔女の槌は実在していました。1486年に発表されたインスティトーリスことハインリヒ・クラーマーの著書『魔女に与える鉄槌』です。妖術撲滅のために書かれた本で、カトリック教会は魔女狩りを実行したものの、この本には弾劾を加えました。『魔女に与える鉄槌』は現在でも刊行されています。

Mythes et légendes
神話と伝説

赤いプレゼント：中世、子どもたちに救いの手を差し伸べたことで有名な聖ニコラオス〔サン・ニコラ〕は、深紅のマントを着た姿で描かれていました。この聖人にまつわる伝説は、赤いマントのイメージと共に、19世紀のオランダ人入植者たちによりアメリカに持ち込まれます。現代でも、サンタクロースといえば、白いひげ、黒いブーツ、そして赤い服が定番です。

Littérature et culture
文学と文化

- 「Iは赤」：アルチュール・ランボー（1854–91年）は『母音』の中で、母音Iは赤、Aは黒、Eは白、Uは緑、Oは青と書いています。
- ルビー色：太陽を表すとされる赤は、水銀と硫黄の交わりから生まれたと言われます。赤は貴石の色であり、賢者の石の色でもあります。錬金術での赤化とは、賢者の石の創造を意味する「大いなる業」の一過程です。ルイ・ポーウェルとジャック・ベルジェ『神秘学大全』にも、この過程について記述されています。
- 神の色：聖書では、赤は神の愛を表す色。キリスト教では、聖霊降臨〔聖霊が使徒に降臨した復活祭後の第七日曜日〕で使徒たちが聖霊から受け取った「炎のような舌」〔新約聖書『使徒行伝』2章3節〕の色でもあり、使徒たちがイエスの福音を伝えるために血を流す覚悟があることを示しています。
- 原罪の赤：アダムとエバの犯した原罪のため、人間には赤い鉄すなわち罪人の烙印が押されています。人類最初の夫婦である2人は、悪魔の勧める赤リンゴの誘惑を受け、赤い絆で結ばれ、官能的に愛し合ったのです。
- 赤い帽子：フランスの海洋学者ジャック＝イヴ・クストー（1910–97年）。フランス人にとって、赤い帽子はクストーのトレードマークです。

Omelette de sorcière au millefeuille
魔女のセイヨウノコギリソウオムレツ

顔に色味を取り戻してくれるのは？

魔法の効果

ビタミンとミネラルたっぷりのセイヨウノコギリソウには、解熱効果があります。魔女にはおなじみの植物で、その昔は熱冷ましとして使われていました。9日の間毎晩、3つの卵とセイヨウノコギリソウがたっぷりと入った緑色のオムレツを食べると、熱が下がり、元気になって、顔に色味が戻ってくるのだそうです。

材料（6人分）

セイヨウノコギリソウの葉　10枚
卵　10個
生クリーム　大さじ1
バター　15g
塩、こしょう

所要時間

準備：15分
調理：5分
計：20分

作り方

❶ セイヨウノコギリソウの葉を洗って水気を切り、5枚は別にしておき、残りをみじん切りにする。

❷ ボウルで卵をもったりとするまでかき混ぜ、生クリーム、塩、こしょう、みじん切りにしたセイヨウノコギリソウを加え、よく混ぜる。

❸ フライパンを強火でよく熱し、バターを入れてから卵液を流し、火を弱くする。

❹ 数分火を入れて、オムレツの形に整える。

❺ 大皿に盛り、別にしておいたセイヨウノコギリソウを添えて、ジャガイモやグリーンサラダなどと一緒にサービスする。

La parenthèse enchantée
閑話休題

大工の薬草、切り傷の薬草などとも呼ばれるセイヨウノコギリソウは、古代ギリシャやローマでは、効果の高い軟膏として外用されていました。歯が痛いときも、生のセイヨウノコギリソウを噛めば痛みが引くとか。

Cornues & alambics
霊験あらたかな液体

熱を下げてくれるこのオムレツには、セイヨウノコギリソウのハーブティーを合わせて、元気を回復しましょう。ティーカップ3杯分の湯に薬10gを入れて煎じます。

SE METTRE AU VERT
草原でひと休み

セイヨウノコギリソウは道端や荒れ地に生えています。多年草で、筋の入った茎は50cmほどの高さになります。葉はギザギザとしていて、左右交互に細長く伸び、花は白かピンク色で、小さくまとまって咲きます。6月に開花する頃に採取しましょう。

Important !
重要 !

昔から、セイヨウノコギリソウ (*Achillea millefolium*) は魔女におなじみの植物のひとつ。爽やかな味わいで、細かく切ってサラダに入れたり、ほうれん草のようにゆでて、ハーブキッシュの具にしたりして楽しめます。

Secrets de sorcière
魔女の秘密

オムレツ：おいしいオムレツはややクリーミーで、とろりとしていています。ぼろぼろとした食感は厳禁。火を入れてから、一気にひっくり返すのがコツです。

辛味：セイヨウノコギリソウを乾燥させて、密閉瓶で保存しておくこともできます。ただし半年を過ぎると、辛味が出てくるので要注意。

Pêches au piment en sirop
桃とトウガラシのシロップ漬け

興奮！

魔法の効果

　興奮を誘うトウガラシ。高ぶった感情をしっとりと静めてくれるココナッツ。食欲を刺激するまろやかな桃。そして赤いハイビスカス。赤は気分に大きく作用します。東洋でも西洋でも、鮮やかで刺激的な赤は、人間と大地の炎、腹部や錬金術師の炉の色と考えられてきました。興奮の渦中にいるとき、私たちの中には炎が宿っているのです。

材料（4人分）

無農薬栽培の白桃　6個

ドライハイビスカス　50g

砂糖　250g

シナモンスティック　2本

エスプレットトウガラシ　1つまみ

ラズベリージュレ　大さじ4

所要時間

準備：15分

寝かし：8時間5分

調理：10分

計：8時間30分

作り方

❶ 桃は洗っておく。

❷ 鍋で湯500ccを沸かし、ドライハイビスカスを加える。5分浸してから濾す。

❸ 砂糖、シナモン、トウガラシを入れて、もう一度火にかける。

❹ 沸騰したら桃を入れ、コトコトと5分煮る。

❺ あく取りで桃を取り出して粗熱をとり、皮をむく。

❻ ④からシナモンを取り出す。ラズベリージュレを入れて、5分間沸騰させて煮詰める。

❼ 火から外し、桃を入れ、冷ます。その後冷蔵庫で8時間冷やす。

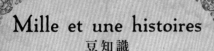

Mille et une histoires
豆知識

アフリカの国々では、ドライハイビスカスを
煎じて清涼飲料水を作ります。このドリンク
には酸味があり、利尿、鎮静、緩下などの
効果が期待できます。冷たくして飲みます
が、エジプトではホットで飲むこともあります。

Au pays des merveilles
不思議な食べ物

オクラ（*Abelmoschus esculentus*）はハイビスカス
と同種で、アフリカ、アジア、中央・南アメリカでは、
食材として料理に使われます。

Charmes et nature
魅惑の植物

桃には100種類ほどあり、白桃、黄桃、
赤桃など果皮の色で区別されます。果皮
は柔らかなものから、産毛に包まれたも
の、ビロードのように滑らかなもの、すべ
すべしたものまでさまざま。「桃のような」
彼の肌は何と表現すればいいのでしょう。
天使のように柔らかな肌？ それともヤギの
ようにフワフワの肌？

Secrets de sorcière
魔女の秘密

赤：煎じているときに鮮やかな赤になった
ら、頃合いです。

トウガラシ：この個性的なデザートのカギ
はエスプレットトウガラシ。

代用：ラズベリージュレの代わりに、カシス
やブラックベリーのジュレを使っても。

サービス：桃をデザートカップに入れて、
シロップをかけ、ココナッツアイスクリームを
添えましょう。

Important !
重要！

冷やしている間は、ときどき冷蔵庫から
取り出して混ぜましょう。
桃がよりきれいに染まります。

Gingembre et menthe au fromage blanc
ジンジャー＆ミント風味のフロマージュブラン

雪のように白い肌を保つには？

魔法の効果

このデザートには、フロマージュブラン〔フレッシュチーズの一種で、生クリームとヨーグルトの中間の食感や味わい〕が不可欠。まろやかなフロマージュブランが、ミントとショウガの奔放な結びつきを和らげます。ハーブとスパイスが渾然一体となり、食べているうちにそわそわとしてきます。ミントはオリエントではお茶として飲まれることが多く、催淫作用があるとか。ショウガの催淫作用については言うまでもないでしょう。雪のように白く純粋なのは、フロマージュブランだけ、ということになります。

材料（4人分）

ミントの葉　10枚
ショウガ　30g
板ゼラチン　2枚
フロマージュブラン　250g
砂糖　60g
牛乳　150cc
卵白　2個分
塩　1つまみ

所要時間

準備：20分
寝かし：2時間
計：2時間20分

作り方

❶ ミントを洗い、キッチンペーパーに置いて水気をとる。

❷ ショウガの皮をむき、おろす。鍋に水を少量入れ、ゼラチンを5分間つけておく。

❸ ボウルにフロマージュブランを入れ、砂糖を加えて泡立てる。

❹ 鍋で牛乳を温める。ゼラチンを絞り、温めた牛乳に溶かし、③のボウルに加える。

❺ 別のボウルで卵白をもったりと泡立て、塩1つまみを加える。ヘラで優しく④と混ぜる。

❻ すりおろしたショウガを混ぜ、デザートカップに盛り、冷蔵庫で2時間冷やす。

❼ 食べるときにミントの葉を添えて出す。

私みたいにアイスクリームを
食べていれば、白くなるわよ！

しつこいくらいに
日焼け止めクリームを
塗っているわ

La parenthèse enchantée
閑話休題

ミントの語源はラテン語のメンタ（mentha）から来ていますが、さらにさかのぼると、ギリシャ語のミンテ（Minthê）にたどり着きます。ミンテはギリシャ神話に出てくる妖精ですが、ミントに変えられてしまいました。ギリシャの学者ストラボンによれば、女神ペルセポネは夫が恋心を燃やすミンテに嫉妬し、ミントにして踏みつけたとか。

Charmes et nature
魅惑の植物

ミントはシソ科の草本植物です。数え切れないほどの種があり、原生しているものもあれば、栽培されて、香草、調味料、飾り、薬として用いられるものもあります。まっすぐな茎、葉柄〔葉の一部で、柄のように茎につながっている〕、ギザギザとした濃い緑色の葉、穂のようにまとまって咲く赤みがかった小花が特徴です。

Au pays des merveilles
不思議な食べ物

フロマージュブランは乳製品で、フランスとベルギーが起源と言われています。「チーズの子」とも呼ばれますが、チーズのような表皮もカビもなく、新鮮な牛乳の持つ鮮やかな白さが映えます。

Secrets de sorcière
魔女の秘密

ミント：イギリスでミントと言えばペパーミント（Mentha piperita）。ピリッとした味わいが人気の秘密です。
ジャー：ミントを摘んだら、密閉できるジャーに入れ、日の当たらない場所で保管しましょう。

ミントって
もつの！

Important !
重要！

フロマージュブランと言えば子ども時代を思い出す人も多いでしょう。ミントとショウガを使ったこのデザートに、ディアボロ〔ミントやザクロなどのシロップを炭酸水で薄めた、フランスで一般的な飲み物〕を合わせれば、さらに懐かしい気持ちがこみあげてくるかも。

Sirop de thé à la fleur d'oranger
オレンジ花水のティーシロップ

純白の結婚式

魔法の効果

　白砂糖と白いオレンジフラワーを使ったこのホワイトティー（白茶）は、白魔術の飲み物。お茶を飲み干す頃には、アルハンブラ宮殿の庭で散歩したり、アンダルシアのオレンジ園を歩いたりしている気分になっていることでしょう。アンダルシアではダイダイ（*Citrus aurantium*）のつぼみ、花、果実を使います。純白の結婚式は憧れの的！

材料（6人分）

中国の白茶　30g
砂糖　1kg
オレンジ花水　大さじ6

所要時間

準備：5分
加熱：5分
寝かし：3時間
計：3時間10分

作り方

❶ 鍋で水500ccを85度に温める。茶葉を入れ、3時間漬けておく。
❷ 別の鍋に水1リットルと砂糖を入れる。
❸ 沸騰してきたら、弱火にして5分加熱する。
❹ このシロップに①を混ぜ、オレンジ花水を加える。
❺ ④を瓶に入れ、オレンジフラワーの絵を描いたラベルを貼る。

La parenthèse enchantée
閑話休題

伝説によると、中国では春、若い乙女たちが白茶を摘んでいました。白く薄い手袋をはめ、金のはさみで新芽を摘むのです。新芽を日干しすると銀色になります。「白毫銀針」という詩情あふれる名は、この色に由来します。

SE METTRE AU VERT
草原でひと休み

オレンジフラワーはダイダイの花。ダイダイは、楕円形で光沢のある葉が特徴です。白い花はとても香り高く、純粋無垢のシンボル。伝統的に花嫁のブーケに用いられ、一生とっておくものとされています。

Péchés mignons
ひそかな楽しみ

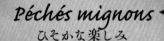

ブラックチョコアイスクリームは、オレンジフラワーの味を引き立てます。このデザートは白が基本ですが、黒とのコントラストは音楽的。ピアノでも、象牙の白い鍵盤に混じって、黒い鍵盤が変音を奏でます。

Secrets de sorcière
魔女の秘密

カラー：お茶はその色によって適温が違います。白茶には85度が適温です。
お茶：このレシピでは、お茶を何時間もかけていれます。シロップは、砂糖と水をほぼ同量にするのがポイントです。
効用：白茶や緑茶には、紅茶よりも2倍もの効用と効力があります。

Important !
重要 !

このレシピが魔力を発揮するには、白茶が理想的。

Thé de mûre
ブラックベリーティー

緑の葉のように若々しく！

魔法の効果

　ブラックベリーの葉には収斂効果があり、マウスウォッシュやうがいに使われます。扁桃腺の腫れ、咽頭炎、歯肉炎、歯痛などさまざまなトラブルも和らげてくれます。つまり喉や歯に強く働きかけるのです。同様に実や果汁も膀胱炎やリウマチに効くとされ、重宝されていました。病気になると、一気に老け込んだ気持ちになりがちですが、青葉のような若々しさを保つブラックベリーティーが手助けしてくれるでしょう。

材料（6人分）

ブラックベリーの葉　500g
ラズベリーの葉　150g

所要時間

準備：20分
乾燥：1週間
計：1週間

作り方

❶ 葉を洗い、キッチンペーパーの上に置いて水気を切る。
❷ 木の板の上に葉を置いて、風通しがよく、直射日光の当たらない場所で5日間乾燥させる。
❸ 葉を細かく切る。
❹ ③を少し湿らせた清潔なふきんでくるんで、48時間置く。
❺ 葉をふきんから取り出し、5分間空気に当て、密閉ジャーに入れる。

ワン！
何してるの？

La parenthèse enchantée
閑話休題

植物界にも愛は存在します。ブラックベリーの木の近くに植えられたラズベリーの木の話は、植物愛の典型。「2人」に最初の赤ちゃんが生まれたのは1881年、カリフォルニアの判事ローガンの庭でのこと。この実は「ローガンベリー」と呼ばれています。ブラックベリーとラズベリーの結婚からは、ボイセンベリーという赤ちゃんも生まれました。ボイセンベリーは大きな長細い実で、濃いピンク色。とても風味豊かです。他にも、スコットランドでは、タイベリーという名の赤ちゃんも生まれました。タイベリーの色や形はラズベリーですが、ブラックベリーのように実が硬いのが特徴です。

Cornues & alambics
霊験あらたかな液体

ブラックベリーティーのハーブティーには、1リットルの水に対し、葉、咲き始めの花、根を25g入れて煎じます。葉、花、根を混ぜても結構ですし、どれかひとつでも結構です。このハーブティーを毎日3杯飲めば、扁桃腺の腫れが引きます。

SE METTRE AU VERT
草原でひと休み

ここでのブラックベリーは、クロミグワ（*Morus nigra*）の実を指します。クロミグワは広い地域で栽培されている灌木で、寒さに強く、標高最高700mの高地でも成長します。小さな紫色のみずみずしいベリーで、香り高いことから、調香にも用いられます。ブラックベリーの香りは森の匂い。町でも道行く人々をはっとさせます。

Secrets de sorcière
魔女の秘密

マリアージュ：ブラックベリーはラズベリーに近い種で、料理でもとても相性がよい組み合わせです。

トリオ：このおいしい組み合わせに第3のフルーツ、ワイルドストロベリーを加えても。おやつに3種のベリーのジュースと、ブラックベリーやラズベリーまたはワイルドストロベリーのタルトはいかが？

レッドフルーツ：ブラックベリーにはたくさんの「従姉妹」がいます。ラズベリーやブルーベリーはもちろん、クランベリーもそのひとつ。クランベリーはスノキ属の大きな赤い実で、アメリカで盛んに栽培されています。

Important !
重要！

野生のブルーベリーは栽培ものよりも糖分が低いので、糖尿病の人向きです

（100g当たり糖分6–7g）。

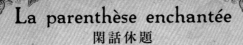

Velouté de potiron aux châtaignes
カボチャのポタージュ栗添え

期待を裏切らない食材

魔法の効果

栗にはビタミンやミネラルがたっぷりと詰まっていて、カリウムも豊富なので、スポーツ選手に人気の食材です。ストレスや疲れを和らげるマグネシウムをこれほど含む食材も少ないでしょう。100gあたり180キロカロリーとエネルギーも高く、疲労回復にはもってこいの食べ物。フランス語で「栗になる」とは「期待外れ、がっかりする」を意味しますが、栗は期待を裏切らない食材です。

材料（8人分）

栗　800g

タマネギ　6個

バター　20g

カボチャの果肉　800g

塩、こしょう

所要時間

準備：40分

調理：50分

計：1時間30分

作り方

❶ 以下の手順でスープを作る。同時進行で、暖炉や焚火など薪の火で栗を焼く。

❷ タマネギの皮をむいて薄切りにし、ココット鍋でバターで炒める。

❸ カボチャをざっくりと角切りにして加え、さらに炒める。

❹ 水適量（1リットル前後）を加え、ふたをして、40分間煮る。

❺ ミキサーにかけて滑らかにする。好みで塩、こしょうで味つけをする。

❻ 皮をむいて細かく砕いた栗をのせてサービスする。

La parenthèse enchantée
閑話休題

栗には700以上の種がありますが、フランスではベルエピーヌ、ルーセット、モンターニュが有名です。フランス語には、栗を指す言葉としてシャテーニュとマロンの2つがありますが、前者はクリ属ヨーロッパグリ、後者はトチノキ属セイヨウトチノキです。栽培用にヨーロッパグリに接ぎ木された木（マロニエ）のマロンは食べることができますが、野生のマロンは食べられません。

Cornues & alambics
霊験あらたかな液体

冬には、スープにグラン・マルニエ〔フランスのオレンジリキュール〕を数滴たらせば、体が温まります。

SE METTRE AU VERT
草原でひと休み

ヨーロッパグリの木は30mに達するものもあり、標高400-800mの日当たりがよく暖かい場所で成長します。実がなる期間は樹齢20-60年の間で、毎年50kgほど収穫できます。9月、熟した実が木から落ち、月末から11月中旬にかけて、栗拾いをする人の姿が見かけられます。

Secrets de sorcière
魔女の秘密

焼き栗：色が薄くなっている下の部分に沿って外皮に切り込みを入れてから、焼きます。
火：暖炉がない場合は、オーブンで20分間焼くか、専用の穴あきフライパンで焼きましょう。
形：ヨーロッパグリは三角形で平たく、セイヨウトチノキは丸い形をしています。
イガ：セイヨウトチノキには実はひとつしか入っていませんが、ヨーロッパグリのイガの内部は分割されて、複数の実が入っています。

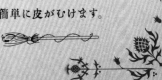

Important !
重要！

冬の果物、栗。
火を通した栗を新聞紙で包み、
10分置いておくと、
簡単に皮がむけます。

Vin à la bourrache
ルリジサのワイン

青い花はお好き？

魔法の効果

鮮やかな青いルリジサの花は中心が真っ白で、まるで氷のよう。昔は、気分が落ち込んだ時の薬として使われていました。ルリジサとメリッサ（レモンバーム）で作ったこの飲み物はとても爽やかで、ブルーな気分を吹き飛ばしてくれると同時に、恋心に爽やかな風を吹き込んでくれるでしょう。

材料 (6人分)

ルリジサの花　30個
ルリジサの葉　1つかみ
メリッサの葉　5枚
無農薬栽培のレモン　1個
赤ワイン　1リットル
砂糖　大さじ3
キルシュ　150cc
昔ながらのレモネード　1リットル

所要時間

準備：15分
漬け込み：1時間
計：1時間15分

作り方

❶ ルリジサとメリッサを洗い、キッチンペーパーの上に置いて水気を切っておく。
❷ レモンの皮をすりおろす。
❸ ワインピッチャーにワイン、砂糖、すりおろしたレモンの皮を入れる。
❹ 木べらで混ぜ、冷蔵庫で1時間冷やす。
❺ キルシュ、ルリジサの葉4分の3量、メリッサの葉を入れてから、レモネードを加えて丁寧に混ぜる。
❻ グラスに注いで氷を浮かべ、残りの葉と花4分の1量を飾ってすぐにサービスする。

Mille et une histoires
豆知識

ミツバチ（*Apis mellifera*）はメリッサが大好き。メリッサの精油の香りは、ミツバチのフェロモンの匂いと似ているのです。2000年もの昔から、養蜂家たちはミツバチの巣にメリッサの精油を塗って、働き者のハチを集めていました。

SE METTRE AU VERT
草原でひと休み

ルリジサ（*Borago officinalis*）は荒れ地に生えていて、5月から9月にかけて開花します。赤みを帯びた茎の先に、青い花があちこちに咲き、白い中心から赤紫色の雄しべが顔を見せます。葉は根元のほうから伸び、茎は白い毛におおわれています。

Péchés mignons
ひそかな楽しみ

この食前酒は友達と一緒に、ポロネギのミニタルトと合わせて楽しみましょう。ポロネギはメリッサと相性のよい野菜。ワイングラスには、ルリジサの葉を1–2枚添えて。全部食べたり、飲んだりすることができます。

Secrets de sorcière
魔女の秘密

葉：ルリジサはうっすら毛が生えていて、少し噛みづらいのですが、どこかキュウリに似ていてとても美味。

氷：製氷皿の各仕切りの中にルリジサの花を入れて氷を作ります。美しい青を含んだ氷とワインの組み合わせがすてき！

花：ルリジサの花をワインに浮かべると、いっそう映えます。

Important !
重要！

ルリジサの花は
4分の1を飾り用に残して、
あとはすべて氷を作るときに使います。

Tisane au blanc bouleau
シラカバのハーブティー

彼の知性を引き出すには？

魔法の効果

　白銀の樹皮に包まれたオウシュウシラカンバは光の木。空から光が降り注ぎます。シャーマンは、この木の根元に生える「神々の糧」——幻覚作用のある魔法のキノコ——をとても大切なものと考えています。赤い帽子をかぶったような愛らしいベニテングダケは、オウシュウシラカンバと共生関係にあります。ただしベニテングダケは死をももたらす毒キノコ。一方、オウシュウシラカンバの幹にはデトックス効果や浄化作用があり、葉液は肌に輝きを取り戻させ、体を浄めてくれます。彼もこのハーブティーを飲んだら、知性が光輝くかもしれません。

材料（4人分）

オウシュウシラカンバの葉　30g
レモン汁　1個分
カソナード砂糖　20g

所要時間

準備：5分
調理：5分
寝かし：10分
計：20分

作り方

❶ オウシュウシラカンバの葉を洗う。
❷ 1リットルのお湯を沸かす。
❸ ティーポットに葉を入れ、熱湯を注ぐ。
❹ 10分間置く。
❺ 飲む直前に、
　レモン汁とカソナード砂糖を加える。

La parenthèse enchantée
閑話休題

オフホワイト、アイボリーホワイトなど、さまざまな白の違いは光沢の強度だけだと思われがちですが、色自体にもさまざまなニュアンスがあります。白は黒と対照をなす色ではありますが、決して無色なわけではありません。画家ワシリー・カンディンスキーは、白は「あらゆる色が（中略）消失する世界の象徴だ」と述べています。芸術誌『青騎士』を創刊した彼は、こうした思想と共に、「氷河期の白く冷たい」大地の夜明けを見つめていたのです。

Péchés mignons
ひそかな楽しみ

このハーブティーには、サフラン入りヌガーを合わせてみては。白いヌガーにサフランが金色のレースのように映えます。

SE METTRE AU VERT
草原でひと休み

オウシュウシラカンバ（Betula pendula）はカバノキ科の植物で、北米、ヨーロッパ、南アジアからヒマラヤまでの荒れ地、砂地、森林の空き地に生息しています。高さは30mほどで、樹皮は桜の木のように赤茶色ですが、次第にくすんだピンク色に近い白になり、薄いグレーの縞模様が水平に入ります。その後ようやく、誰もが知る白色になり、大ぶりな黒いひし形模様が出てくるのです。樹皮は根元のところで裂けていて、黒く細かなウロコのよう。木が若いときには、樹冠〔樹木の上方部にある枝と葉の集合部分〕は細くて、円錐型で、尖っていますが、時と共にドームのような形になっていきます。

Secrets de sorcière
魔女の秘密

ビオル：その昔、オウシュウシラカンバはグレーのシラカバ、枝垂れシラカバと呼ばれていました。ビオル、ブレル、ブラールという呼び名もついています。

ギザギザ：オウシュウシラカンバの葉は丸みを帯びた三角形で、それぞれ6対の葉脈が通っていて、縁の切り込みへと続いています。切り込みは3つのギザギザに挟まれています。

シロップ：幹には甘い樹液が通っていて、これを使ったシラカバのビールもあります。また葉には黄色色素が含まれています。

Important !
重要！

オウシュウシラカンバの実はピクルスの形をしていて、鳥の大好物。ゴシキヒワ、シジュウカラ、ムネアカヒワ、マヒワのごちそうです。

Tables des sorts et des recettes
おまじないとレシピ一覧

Sources et crédits iconographiques

イラスト出典＆クレジット

d=右、g=左、h=上、m=中央、b=下

© AKG Images : 20 b (boîte à poudre, Bienaimé, Paris) ; 21 m (vignette des « Magasins P. Moreau », Paris, de la série : Auteurs célèbres, France, v. 1890).

© Archives éditions du Chêne et/ou Photothèque Hachette Livre : 8 ; 10 ; 12 ; 24 b ; 27 b ; 28-31 ; 34-35 ; 37 g ; 38-39 ; 40 h et b g ; 41 d ; 42-43 ; 46-47 ; 48 m et b ; 49 g ; 56 h ; 58 ; 59 b ; 60 h ; 61 ; 62 h ; 63-71 ; 72 b ; 73 ; 77 h et m ; 79 d ; 81 d ; 82 d ; 83 h et d ; 84 h et m ; 88-89 ; 90 h ; 91 g et b d ; 92-96 ; 97 h et d ; 98 h et b g ; 99-101 ; 104-105 ; 107 g ; 110-111 ; 112 b ; 116-129 ; 132 h ; 137 h ; 139 ; 144-149 ; 150 d, h et b ; 152-155 ; 158 ; 169 ; 170 ; 172 m et b ; 173 ; 176-177 ; 181 h d ; 182-193 ; 196-197 ; 199 h ; 208-209 ; 214-229.

© Bridgeman Images : 21 b (Poudre de riz au muguet de D. Chamberry, Paris, vers 1910, photo © GraphicaArtis/Bridgeman Images) ; 26 (Mademoiselle Dumesnil dans le rôle d'Agrippine dans *Britannicus* par Jean Racine, gravure de François Seraphin Delpech, 1740) ; 81 (« La Cigale et la Fourmi », *Les Fables,* Jean de La Fontaine, fin XIXᵉ s.) ; 87 b (« L'Avare », *Œuvres complètes,* Molière, Laplace, Sanchez & Cie, 1885 © Look and Learn/Elgar Collection/ Bridgeman Images) ; 108 h (*La prostituée de Babylone, Beatus of Liebana,* 1220 © Pictures from History/Bridgeman Images) ; 109 h (*Femme à la robe rouge / Faaturuma,* Paul Gauguin, 1891, Nelson-Atkins Museum of Art, Kansas City, États-Unis), b (« Le Malade Imaginaire », *Œuvres complètes,* Molière, Laplace, Sanchez & Cie, 1885 © Look and Learn/Elgar Collection/Bridgeman Images) ; 133 (*Ariane et Thésée,* Pinacothèque de Brera, Milan, XIXᵉ s. © Giancarlo Costa/Bridgeman Images) ; 143 (*Le Petit Chaperon rouge,* Gustave Doré © Lebrecht History/Bridgeman Images) ; 162 (Charles V le Sage, *Histoire des Français,* Lavallée, XIXᵉ s.) ; 163 (*Le Club des Cinq,* Enid Blyton, Hachette, 1955, photo © Gusman/Bridgeman Images) ; 165 (*La mouche : Une dame à sa toilette,* François Boucher, XVIIIᵉ s., photo © Agnew's, London/Bridgeman Images) ; 168 h (La bataille de Formigny, 1450, *Chroniques* de Jean Chartier, BNF, photo © Photo Josse/Bridgeman Images) ; 174 h (*Séance de la Commission pour la réforme du calendrier en présence de Grégoire XIII,* Italie, XVIᵉ s. © Giancarlo Costa/ Bridgeman Images) ; 175 h (Le roi Odin © Granger/Bridgeman Images), b (*Robinson Crusoe, Vendredi, et son chien,* John Charles Dollman, photo © Christie's Images/Bridgeman Images) ; 180 h (Page de titre de l'édition française du *Malleus Maleficarum,* Lyon, 1669 © Granger/Bridgeman Images) ; 200 b (Statuette funéraire de Ptahmose, XVIIIᵉ dynastie égyptienne © De Agostini Picture Library/W. Buss/Bridgeman Images) ; 201 b (Barbe Bleue © Look and Learn/Bridgeman Images) ; 206 h (Blanche de Castille, « Le Plutarque français », éd. Mennechet, 1844-1847, photo © Leonard de Selva/Bridgeman Images) ; 207 h (Henri IV sur son cheval blanc, lors de la bataille d'Ivry en 1590, gravure vers 1920, photo © Leonard de Selva/Bridgeman Images) ; 212 h (Erik le rouge met les voiles pour le Groenland, dans un ouvrage de jeunesse pour Harrap, vers 1920 © Look and Learn/Bridgeman Images) ; 213 b (*Adam et Ève,* Lucas Cranach l'Ancien, 1528).

© Shutterstock pour tous les fonds papiers, ornements dans l'intérieur et sur la couverture, ainsi que : 16 ; 17 b g ; 18 h ; 19 d ; 22-23 ; 24 h ; 25 h ; 27 h ; 32-33 ; 36 ; 37 m et d ; 40 b d ; 51 b ; 52 ; 53 g ; 54-55 ; 56 b ; 60 b ; 62 m et b ; 72 h et m ; 76 ; 77 b ; 78 ; 82 h ; 84 b ; 85 d ; 87 h ; 90 b ; 91 m d ; 97 g ; 98 b d ; 106 h g ; 107 b d ; 108 b ; 112 h ; 115 b ; 134-135 ; 137 b ; 138 b ; 140-141 ; 142 b ; 146 b ; 150 h g ; 151 ; 159-161 ; 162 b ; 164 ; 166-167 ; 168 b ; 171 ; 172 h g ; 174 b ; 178-179 ; 180 b ; 181 b ; 196 b ; 198 ; 201 h ; 202-205 ; 206 b ; 207 b ; 210-211 ; 212 b ; 213 h ; 215 b.

© The Metropolitan Museum of Art, New York : 48 h (pot en porcelaine, Chantilly, France, XVIIIᵉ s.) ; 50 (portrait de Marie-Antoinette, XVIIIᵉ s.) ; 80 g (récipient en argent par Claude Charvet, vers 1746), d (théière en argent par David Clayton, XVIIIᵉ s.) ; 85 h (*Allégorie de la Fortune,* d'après Guido Reni, XVIIIᵉ s.) ; 114 (*César sur son cheval,* Abraham de Bruyn, vers 1565) ; 115 h (*Hercule et l'Hydre de Lerne,* Marco Angolo del Moro, XVIᵉ s.) ; 136 (*Livre des morts de Nany,* 1050 av. J.-C., Thèbes, Deir el-Bahari, tombe de Méritamon) ; 142 h (Louis XIV, Robert Nanteuil, 1661).

© Wellcome Collection : 17 d ; 18 b ; 19 g ; 20 h ; 21 h (*La vierge et la licorne,* d'après Timoteo Viti, XVIᵉ s.) ; 25 d ; 41 g ; 49 d ; 53 d ; 79 g ; 83 b ; 111 h ; 132 b (*Une sorcière et son chaudron,* Thomassin, XVIIᵉ-XVIIIᵉ s.) ; 200 h (*Portrait de Henry VIII,* Royal Collection à Windsor) ; 209 d.

Wikimedia Commons : 51 h (*La Naissance de Vénus,* Sandro Botticelli) ; 57 (*Madame de Pompadour,* François Boucher) ; 59 h (*Adam et Eve,* Pierre Paul Rubens) ; 86 (*La parabole du serviteur impitoyable,* Claude Vignon) ; 113 h (*Angelica sylvestris*).

謝辞

本書の執筆の提案をしてくださったジェローム・レロル、EPAのアート責任者シャルル・アムリーヌ、フラヴィー・ゲドンと魔女の方々、オオヤマネコのように進行をくまなく監督くださったフランソワーズ・マテイ、テキストとイラストの割りつけを担当してくださったフローランス・ル・モー、丁寧に読み込んでくださったミレイユ・トゥレに感謝いたします。また、4巻にわたるシリーズのイラストやデザインを担当してくださったエミリー・ビュラール＝コルドーにも心からのお礼を申し上げます。(敬称略)

本書で紹介したレシピの引用元 (未邦訳)

Mes secrets de sorcière, Brigitte Bulard-Cordeau, 2007, éditions du Chêne

Mes recettes de sorcière, Brigitte Bulard-Cordeau, 2008, éditions du Chêne

Mes desserts de sorcière, Brigitte Bulard-Cordeau, 2009, éditions du Chêne

Mes recettes de sorcière, Potages et breuvages, Brigitte Bulard-Cordeau, 2010, éditions du Chêne

本書で言及され邦訳がある書籍 (五十音順)

- アルキメデス『アルキメデス方法』佐藤徹訳、東海大学出版会、1990年
- 同『球と円柱について』佐藤徹訳、朝日出版社、『科学の名著9』所収、1981年
- アルテュール・ランボー『母音』金子光晴、斉藤正二、中村徳泰訳、雪華社、『ランボー全集』所収、1977年他
- 同『酔いどれ船』杉本秀太郎訳、京都書院、1988年
- オーノワ夫人『白いねこ』こみねゆら絵・訳、偕成社、1994年
- 同『嘆きの牝鹿：仙女物語 (本書では『白い雌ジカ』)』田辺貞之助訳、白水社、1948年

- 『ヘンゼルとグレーテル』1巻
- 『ホレのおばさん』1巻
- 『野ぢしゃ (本書では『ラプンツェル』)』1巻
- 『6羽の白鳥』2巻
- 『雪白姫 (本書では『白雪姫』)』2巻
以上、W.グリム、J.グリム『完訳グリム童話集』全5巻所収、金田鬼一訳、岩波書店、1979年

- サミュエル・ベケット『ゴドーを待ちながら』安堂信也、高橋康也訳、白水社、2013年他

- 『サンドリヨン』
- 『赤ずきんちゃん』
- 『眠れる森の美女』
- 『巻き毛のリケ』
- 『猫先生または長靴をはいた猫』
- 『青ひげ』
- 『親指小僧』
以上、シャルル・ペロー『眠れる森の美女　完訳ペロー昔話集』所収、巖谷國士訳、講談社、1992年

- シャルル・ボードレール『アホウドリ』安藤元雄訳、集英社、『悪の華』所収、1991年他
- ジャン＝クリストフ・リュファン『ブラジルの赤』野口雄司訳、早川書房、2002年
- ジャン・ド・ラ・フォンテーヌ『セミとアリ』川田靖子訳『ラ・フォンテーヌ寓話1』所収、玉川大学出版部、1979年
- ジャン・ラシーヌ『ブリタニキュス』安堂信也訳、新潮社、1957年
- ジョゼフ・ケッセル『昼顔』堀口大学訳、新潮社、1952年
- ジョルジュ・ルイ・ルクレール ビュフォン『ビュフォンの博物誌ー全自然図譜と進化論の萌芽 『一般と個別の博物誌』ソンニーニ版より』ベカエール直美訳、工作舎、1991年
- ダニエル・デフォー『ロビンソン・クルーソー』荻

田庄五郎訳、開文社、1954年他
- ニッコロ・マキアヴェッリ『君主論』河島英昭訳、岩波書店、1998年他
- パスカル・レネ『レースを編む女』村上香住訳、早川書房、1976年
- ピーター・ベンチリー『ジョーズ』平尾圭吾訳、早川書房、1981年他
- プラトン『国家』(上下) 藤沢令夫訳、岩波書店、1979年他
- フランク・B.ギルブレス Jr.、アーネスティン・ギルブレス・ケアリー共著『1ダースなら安くなる』上野一郎、村主よしえ共訳、産業能率短期大学出版部、1972年
- 毛沢東『毛主席語録』竹内実訳、平凡社、1995年他
- フリードリヒ2世『反マキアヴェッリ論』大津真作訳、京都大学学術出版会、『近代社会思想コレクション；17』所収、2016年他
- モリエール『守銭奴』鈴木力衛訳、岩波書店、1973年他
- 同『病は気から』鈴木力衛訳、岩波書店、1970年他
- ルイ・ポーウェル、ジャック・ベルジェ『神秘学大全』伊東守男訳、学研プラス、2002年他
- ルートヴィヒ・ベヒシュタイン編著『ドイツ昔話 (メルヒェン) 集 (1857) 試訳』全15号所収、鈴木滿訳、武蔵大学人文学会、武蔵大学人文学会雑誌第44巻1-4号、第45巻1-4号、第46巻1-4号、第47巻1-4号、第48巻1-2号、2012-17年

- 『シェリー王子の物語』
- 『美女と野獣』
以上、ルプランス・ド・ボーモン『美女と野獣』所収、松村潔訳、新潮社、2017年

本文中の聖書のテキストは日本聖書協会の1978年版からの引用。

フランス流魔法のレシピ集　魔女の手引書

2022年11月25日 初版第1刷発行

著　者：ブリジット・ビュラール＝コルドー (© Brigitte Bulard-Cordeau)

発行者：西川正伸

発行所：株式会社 グラフィック社

〒102-0073 東京都千代田区九段北1-14-17

Phone 03-3263-4318

Fax　03-3263-5297

http://www.graphicsha.co.jp

振　替：00130-6-114345

制作スタッフ

植物監修：林真一郎 (グリーンフラスコ)

翻訳：ダコスタ吉村花子

カバーデザイン・組版：松岡里美

編集：笹島由紀子

制作・進行：本木貴子、三逵真智子 (グラフィック社)

ISBN978-4-7661-3693-7 C0076
Printed in Japan

【注】本書で紹介する植物の誤用、悪用およびその結果、あるいは書かれている助言の誤解等から生じる一切の事象について、著者および監修者、翻訳者、出版者は一切の責任を負いません。